列车轮轨位移图像检测与运行安全评价

马增强 刘永强 宋 颖 著

科学出版社
北京

内 容 简 介

本书主要介绍了列车运行安全过程中轮轨状态视频监测方法的原理及应用。全书共分为 9 章：第 1 章对列车运行安全监测的国内外研究现状作了介绍，第 2 章～第 6 章分别提出了轮轨冲角、摇头角、轮轨位移等轮轨接触状态参数的视频测量方法，并通过实验数据分析验证了各个方法的科学性和有效性。第 7 章～第 9 章通过组建机车运行模型对列车运行过程进行了仿真，为列车脱轨系数评判及列车脱轨预测提供了理论依据。

本书可供从事列车行驶安全监测方法研究的高等学校教师、研究生阅读，还可供该领域的其他科技人员参考。

图书在版编目(CIP)数据

列车轮轨位移图像检测与运行安全评价/马增强，刘永强，宋颖著. —北京：科学出版社，2018.1

ISBN 978-7-03-056129-9

Ⅰ.①列⋯ Ⅱ.①马⋯ ②刘⋯ ③宋⋯ Ⅲ.①列车–位移–图像处理–安全评价–研究 Ⅳ.①U270.33-39

中国版本图书馆 CIP 数据核字(2017) 第 316293 号

责任编辑：刘信力 / 责任校对：邹慧卿
责任印制：张 伟 / 封面设计：陈 敬

科学出版社 出版
北京东黄城根北街 16 号
邮政编码：100717
http://www.sciencep.com

北京盛通商印快线网络科技有限公司 印刷
科学出版社发行　各地新华书店经销
*

2018 年 1 月第 一 版　开本：720×1000 B5
2019 年 11 月第二次印刷　印张：8 1/4
字数：154 000
定价：58.00 元
(如有印装质量问题，我社负责调换)

前　　言

　　我国高速铁路技术发展迅速，实现了人们快捷方便的出行，给人们带来了巨大的方便。但在列车行驶中列车轮轨间作用逐渐变得剧烈，更容易引起轮轨的磨损，疲劳严重时还会出现脱轨事故。机车轮轨间复杂运动是由外界环境、轨道和机车共同作用的结果，到目前为止轮轨接触状态及安全性评价机理一直是各国相关领域专家关注和研究的热点。

　　本书结合列车安全行驶机理的研究现状，通过分章节的模式对轮轨接触的主要参数如轮轨冲角、摇头角、轮轨位移等，从系统设计、方法原理、处理算法、实验过程、数据分析及结论等方面分别进行了讲解，验证了本书所提出的轮轨接触状态参数视频检测方案的可行性和有效性。另外本书还通过车辆动力学建模与仿真，介绍了作者在基于轮轨位移的列车运行安全状态评价方面的探索。

　　本书共分为 9 章，第 1 章对列车运行安全监测的国内外研究现状作了介绍，使读者充分了解列车安全行驶监测的重要意义；第 2 章介绍了基于摄相机和激光源相结合的轮轨相对位移检测方法，包括实验原理及实验数据的对比；第 3 章介绍了基于双相机的车载式轮轨位移图像检测方法，主要通过双相机图像检测技术对轮轨位移进行了检测；第 4 章介绍了基于车载式相机的机车摇头角图像检测方法，通过计算机视角的变化结合图形图像学的知识实现了检测；第 5 章主要介绍基于激光线的轮轨冲角检测方法，利用图像处理技术和激光特性实现了轮轨冲角的准确检测；第 6 章介绍了基于双目视觉车轮姿态提取的轮轨位移检测方法，解决了机车运行过程中横向和纵向位移检测困难的问题；第 7 章建立了基于 VI-Rail 软件的车辆动力学模型，通过仿真获取了脱轨系数和轮轨减载率等参数，为列车运行安全评价提供必要的数据支持；第 8 章介绍了基于轮轨间几何位置关系的脱轨状态评价方法，初步形成了基于轮轨位置关系的列车运行安全评价准则；最后第 9 章又给出了列车脱轨系数的新定义，并对列车脱轨预测系数进行了研究和探索。

　　本书内容大部分来源于课题组近 3 年来在列车运行安全视频监测与评价领域的研究成果，这些成果都是在国家自然科学基金项目 (资助号：11372199) 和河北省自然科学基金项目 (资助号：A2014210142) 资助下完成的。研究生钟莎、柳兴龙、王永胜、宋子彬、张俊甲、校美玲、刘俊君、刘政等参与了书稿的整理工作，在此对所有贡献者表示感谢！

　　本书综合了图像处理、车辆动力学、计算机仿真等多学科知识，由于作者水平有限，本书疏漏之处在所难免，望广大读者批评指正。

目 录

前言
第 1 章　绪论···1
  1.1　列车运行安全监测与安全评价的研究背景及意义·······················1
  1.2　列车运行安全监测与安全评价的国内外研究现状·······················2
      1.2.1　列车轮轨相对位移产生的原因··2
      1.2.2　列车运行安全监测的国内外研究现状·································4
  1.3　国内外脱轨研究现状···7
      1.3.1　国外脱轨研究现状···7
      1.3.2　国内脱轨研究现状···8
  参考文献···9
第 2 章　基于激光源的机车轮轨相对横移图像检测························12
  2.1　图像采集系统设计···12
      2.1.1　图像采集系统···13
      2.1.2　图像尺度变换···14
  2.2　图像处理及特征提取···15
      2.2.1　图像预处理···15
      2.2.2　图像二值化分割···15
      2.2.3　图像滤波···16
      2.2.4　圆拟合···16
  2.3　实验数据处理及误差分析···18
  2.4　结论···19
  参考文献···20
第 3 章　基于改进 Hough 变换的轮轨相对横移图像检测··············21
  3.1　系统组成和设计原理···21
      3.1.1　系统组成···21
      3.1.2　设计原理···22
  3.2　基于精简粒子群优化的 Hough 变换算法原理与缺陷················23
      3.2.1　Hough 变换算法··23
      3.2.2　精简粒子群算法···26
      3.2.3　基于精简粒子群优化的 Hough 变换算法结构图············28

3.2.4 原算法的局限性 ·· 30
3.3 基于粒子群优化的 Hough 变换算法的改进 ······················ 31
3.3.1 改进算法的原理 ·· 31
3.3.2 车轮图像检测结果对比 ··· 34
3.4 激光点检测 ·· 36
3.5 实验数据处理及误差分析 ··· 38
参考文献 ·· 43

第 4 章 基于车载式相机的机车摇头角图像检测 ····················· 45
4.1 检测系统组成及原理 ··· 45
4.2 图像中车轮椭圆提取 ··· 49
4.2.1 采集图像预处理 ·· 49
4.2.2 基于 RED 算法的车轮椭圆特征检测 ·························· 51
4.3 实验数据处理及误差分析 ··· 53
参考文献 ·· 54

第 5 章 基于激光线检测的轮轨冲角检测 ······························· 56
5.1 检测方法原理 ·· 57
5.2 轨道边缘线的检测算法 ·· 58
5.2.1 图像获取及校正 ·· 58
5.2.2 Meanshift 聚类平滑算法 ·· 59
5.3 激光线的检测 ·· 62
5.4 轮轨冲角检测 ·· 63
5.4.1 轮轨冲角的模拟仿真 ··· 63
5.4.2 手动测量与系统测量对比 ······································· 65
5.4.3 测量精度分析 ·· 66
参考文献 ·· 67

第 6 章 基于双目视觉车轮姿态提取的轮轨位移检测 ·············· 69
6.1 双目视觉系统模型 ·· 70
6.1.1 三维特征点与图像坐标的映射关系 ·························· 70
6.1.2 两正交相机坐标系的转换关系 ································ 71
6.2 轮轨位移检测模型 ·· 72
6.2.1 轮轨位移检测步骤 ·· 72
6.2.2 轮轨位移检测原理 ·· 73
6.3 相机系统的参数标定 ··· 74
6.4 车轮边缘的图像检测 ··· 76
6.4.1 车轮的内外边缘检测 ··· 76

6.4.2　基于改进型随机 Hough 变换的轮缘检测 ·············· 77
　6.5　实验结果分析 ·············· 78
　　6.5.1　实验可行性分析 ·············· 78
　　6.5.2　位移检测结果分析 ·············· 80
　　6.5.3　实验误差分析 ·············· 82
　参考文献 ·············· 82

第 7 章　基于 VI-Rail 软件的车辆动力学建模与仿真 ·············· 84
　7.1　VI-Rail 软件简介 ·············· 84
　7.2　CRH2C 动车组拖车模型的建立 ·············· 84
　7.3　轨道模型的建立 ·············· 91
　7.4　轮/轨接触模型的建立 ·············· 91
　7.5　模型的验证 ·············· 91
　　7.5.1　预载分析 ·············· 91
　　7.5.2　线性分析 ·············· 92
　　7.5.3　动力学仿真 ·············· 93
　7.6　非线性临界速度 ·············· 100
　参考文献 ·············· 101

第 8 章　基于轮轨间几何位置的脱轨状态评价 ·············· 102
　8.1　轮轨间几何位置关系与脱轨的静态分析 ·············· 102
　　8.1.1　以轮轨接触位置的不同状态来分析 ·············· 102
　　8.1.2　以车轮抬升量为分析源 ·············· 103
　8.2　基于爬轨的轮轨几何位置关系与脱轨的动态分析 ·············· 104
　　8.2.1　轮轨间几何位置关系与脱轨机理的时域分析 ·············· 104
　　8.2.2　轮轨间几何位置关系与脱轨机理的参数轨迹变化分析 ·············· 106
　8.3　基于跳轨的轮轨几何位置关系与脱轨的动态分析 ·············· 109
　8.4　轮轨间几何位置关系引为脱轨评判指标的分析 ·············· 112
　　8.4.1　轮轨间几何位置关系引为脱轨评判标准的可行性探讨 ·············· 112
　　8.4.2　轮轨间几何位置关系假定为脱轨评判标准的确定 ·············· 116
　参考文献 ·············· 122

第1章 绪 论

1.1 列车运行安全监测与安全评价的研究背景及意义

高速铁路技术的迅速发展给人们的生活带来了巨大的方便。同时,由于机车运行速度的不断增大,以及客运量的增加,导致列车轮轨间的互相作用更加剧烈,容易引发磨损、疲劳和脱轨等故障。轮轨接触状态是轮轨关系最基本的研究内容,而轮轨接触点位置变化是分析轮轨接触状态最直接的反映。所以,监测、分析轮轨接触点的位置对监测车辆运行的稳定性、安全性有着重要作用。

1825年,英国采用了以机动车牵引车列在轨道上行驶以缩短各个城市之间的距离,来实现货物和旅客运送的目的,这就是铁路史的开始。经过100多年的发展,铁路在中国现代化建设中发挥了越来越重要的作用,铁路运输成为我国客货相结合的主导交通运输方式。为了提高铁路在运输市场中的竞争力,扩大运输能力,1997年4月1日,中国的铁路运行速度进行了第一次大范围的提速,这标志着中国铁路迅速发展的开始。2002年12月,由于铁路运输能力已经不能适应社会日益增长的运输需求,首次提出"铁路跨越式发展"的战略,以满足社会经济发展的需要。到2014年10月26日,中国高铁总里程已经达到12 000 km,基本上完成了"四纵"干线。就高速铁路运营里程来说,中国约占世界的50%,稳居榜首。

我国高速铁路技术发展迅速,它快捷、舒适的特性,给人们的生活带来了巨大的方便,也促进了国民经济的发展。但是,轮轨间的互相作用引发磨损、疲劳和脱轨等故障,给机车运行安全造成巨大的威胁,一旦机车发生脱轨,就会给人们的生命财产带来很大的损失,严重地破坏交通秩序。安全是交通运输业中一个永恒的话题,而脱轨是铁路运输中的一大安全隐患,20世纪中后期,脱轨事故的不断增多,是由于轮轨的运动机理的发展还不成熟,不能准确地评判列车是否脱轨,影响了列车的安全性;同时,这也阻碍着铁路的向前发展。为了满足发展的要求和保障列车行驶的安全性,一些学者开始深入地研究轮轨运动状态及安全性机理[1,2],人们对其的认识也逐渐加深,但是仍然存在一些脱轨事故。机车轮轨间的复杂运动是由外界环境、轨道和机车共同作用的结果,这也决定了轮轨运动状态及安全性机理研究的多样性和复杂性。到目前为止,轮轨运动状态及安全性机理一直是人们讨论和关注的热点,其还有待完善,以用来评价列车运行的安全标准,这对防止、减少列车的故障发生和保障列车运行的安全性具有重要的意义。

在直线段，货物列车脱轨的主要形式有车轮爬轨、钢轨偏转和车轮浮起，与之对应的车辆蛇行、点头、浮沉、扭曲和侧滚等车辆走行状态以及轮轨横向、垂向响应，都与轮轨接触状态[3,4]有关，分析轮轨接触状态是研究轮轨运动状态及安全性的基础。而轮轨接触状态最直接的反映就是轮轨接触点位置[5,6]，因此，轮轨接触点的位置分析也为轮轨脱轨检测提供重要的信息。在铁路运行中，监测、分析轮轨接触点的位置对探索脱轨的机理和监测车辆运行的稳定性、安全性有着重要作用。

1.2 列车运行安全监测与安全评价的国内外研究现状

1.2.1 列车轮轨相对位移产生的原因

1. 车轮和钢轨的截面几何形状

作为铁路轨道的主要组成部件，钢轨主要是用来承受列车车轮的压力，与车轮互相作用，引导列车前行。因此，在整个轮轨结构中，钢轨必须是一种连续、平顺的且阻力最小的滚动表面类型。以每米长的钢轨质量千克数来定义钢轨的类型。钢轨的断面形状采用具有最佳抗弯性能的工字形断面，由轨头、轨腰以及轨底三部分组成。机车运行的载重很大，钢轨必须要能承受其各方面的压力，因此，在设计钢轨的结构时，保证其强度和高度满足一定的要求，且钢轨的顶部和底部之间高度和面积足够大、中间部分和底部的厚度不宜过薄。图 1-1 为 50 kg/m 的钢轨截面图。

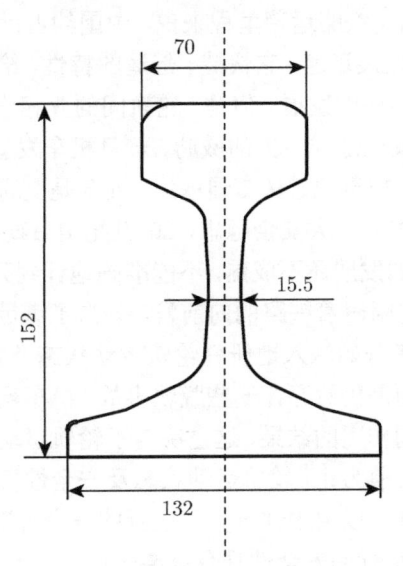

图 1-1　50 kg/m 的钢轨截面图 (单位: mm)

1.2 列车运行安全监测与安全评价的国内外研究现状

50 kg/m 的钢轨是与 TB 型车轮踏面形状相配合设计使用的，TB 锥型车轮踏面如图 1-2 所示。由图知，车轮轮缘由四段圆弧组成，且半径分别为 $R=23$ mm，$R=16$ mm，$R=16$ mm，$R=48$ mm，轮缘与左边长 22 mm 的直线之间是用半径为 18 mm 的圆弧连接的，再往左侧依次是斜度为 1:20 和 1:10 的直线段，最后用一个小倒角与车轮外侧相连接。在车轮踏面中，直线与轮缘连接处的一段圆弧因与钢轨侧面的圆角配合，所以它的中心位置和半径对轮轨之间的状态影响很大，可能导致轮轨之间两点接触的现象出现。

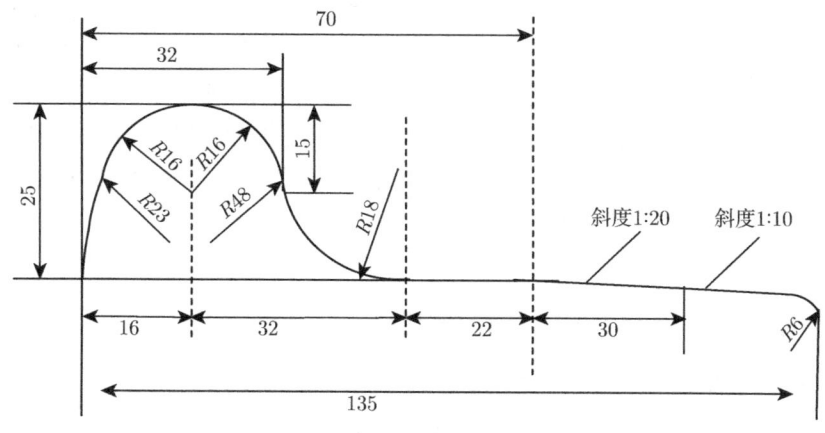

图 1-2　TB 锥型车轮踏面 (单位: mm)

2. 轮轨接触状态分类

轮轨接触状态一般有两种可能，第一种情况就是如图 1-3(a) 所示的一点接触，在这种情况下，车轮相对于轨道的横移不大，钢轨顶面与车轮踏面只有一点接触；另一种情况就是如图 1-3(b) 所示的两点接触，该情况是当车轮相对钢轨的横向位移和摇头角大于某个量时，可能会导致轮缘和车轮踏面同时与钢轨的侧面和顶面接触，这样就出现了两点接触。轮轨横向位移和摇头角越大，其两点接触这种现象出现的可能性就越大。

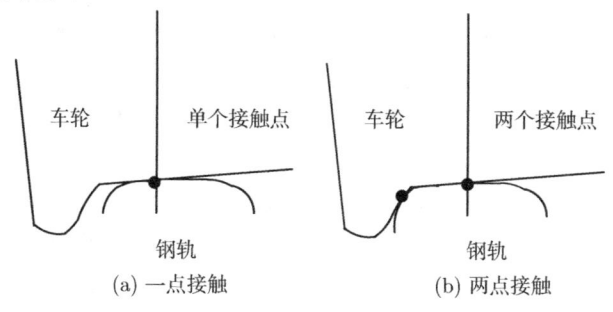

(a) 一点接触　　(b) 两点接触

图 1-3　轮轨接触状态

经过研究，在一般情况下，把车轮对轨道的横向位移和摇头角都当作因子进行考虑时，则把轮轨的接触几何关系视为一个空间问题；然而仅仅只考虑横向位移，则是一个平面问题。本章把轮轨接触几何关系当作平面问题来考虑，用图像处理的方法来检测车轮相对于轨道的位移，为后续开展列车运行状态监测及运行安全性机理的探索和研究提供了重要的信息。

3. 轮轨相对位移产生的原因

列车在轨道上运行时，由于踏面锥形产生蛇形运动及在通过曲线线路时，车轮和钢轨间产生横向作用力。轨道机车在高速行驶的过程中，会摇摆产生类似蛇形的运动，而当轨道列车进行蛇形运动时，左右轮缘不断撞击钢轨，这不仅会恶化轨道列车的运行环境，使之运行时不平稳且轮轨之间产生相对位移，严重时，甚至会造成脱轨事故。轨道列车难以提速的主要技术难题，也是由于高速行驶时伴随的蛇形运动[7]。所以计算出轮轨的相对位移对防止机车脱轨和提高机车速度有着至关重要的作用。

1.2.2 列车运行安全监测的国内外研究现状

1. 基于传感器的列车安全运行监测的研究现状

为了监测列车运行的状态及完善运行安全性机理，传统方法是研究轮轨系统分析计算机车动力学关键性能参数，而动力学关键性参数包括了脱轨安全性和蛇形安全性两大类参数指标。脱轨安全性参数指标包括脱轨系数、轮重减载率、倾覆系数等；蛇行安全性参数指标包括失稳速度、横向稳定性系数等，这些关键参数的测量主要采用基于传感器的测量方法，用以对机车运行状态进行评价和分析。

在基于传感器的测量方法中，美国国家运输试验中心的 Roberto[8] 使用三维滚动接触理论计算蠕滑力代替 Nadal 公式中的摩擦力，推导了新的脱轨系数安全限值。伊朗学者 Mohammadzadeh Saeed[9] 认为，轮攻角、摩擦系数、轴重和列车速度是决定列车脱轨的主要因素，并基于可靠性理论建立了脱轨概率模型。韩国的 Koo Jeong Seo[10] 就基于轮轨间水平和垂直冲击力建立了一种脱轨理论模型，并提出了一套预测和评价轮轨碰撞诱导脱轨的方法。西南交通大学的翟婉明[11] 根据车轮抬升量评判车辆脱轨，该方法以轮轨之间正常运行的约束关系为依据，回归了车辆--轨道系统接触运行的本质。西南交通大学的曾京[12] 推导了轮对跳轨的临界速度，给出了速度、垂向力、轮缘高度等不同因素与脱轨状态之间的关系。罗马尼亚的 Sebesan Ioan[13] 为了研究侧向位移、滚动等列车典型的蛇行运动，在考虑轨道踏面不规则因素的基础上，建立了一种描述蛇行运动的数学模型，提出了失稳临界速度的计算方法。罗仁等[14] 通过计算单车的最低线性和非线性临界速度，近似得到了直线和大半径曲线轨道上列车的线性和非线性临界速度。鄢平波等[15] 利用车辆系统蛇行振动的磁滞特性，通过引入速度参数为时间的慢变参数，计算得到了线性临界速度和非线性临界速度以及极限环。翟婉明、王开云等[16]对车辆在弹性轨道上运行时的非线性稳定性的实际临界速度进行仿真分析研究，得出计算实际临界速度的方法。日本学者 Sato Yasuhiro[17] 设计了一种脱轨系数连续检测装置，该装置通过安装于转向架非旋转结构上的非接触式位移传感器来检测轮轨接触力，从而获得脱轨系数的统计值。西班牙的 Monje Pedro[18] 设计了一套基于光电二极管的仪器装置，该装置安装于机车转向架上，用于在线检测车轮在轨道上滚动和滑动的状态。Quan Yu[19] 基于光纤布光栅多种物理量同时检测的特点，设计了一套基于准分布式光纤布光栅的火车脱轨检测仪器，该仪器通过检测车速、脱轨系数最大值、轮重减载率等参数得出火车脱轨状态的综合评价。唐永康[20] 基于常规的应变片、位移计、加速度传感器，搭建了一种检测车辆脱轨倾向的脱轨预警系统。张昭英等[21] 基于安装于转向架上的六自由度惯性传感器 ADISI6 360 和常规的数据采集板，设计了一套转向架运行姿态在线检测系统，通过测量转向架三维角速度及加速度来进一步得出转向架点头角、横滚角及摇头角。

以上这些检测方法都以轮轨振动状态和轮轨作用力的测量为前提，存在以下问题：(1) 轮轨间作用力的动态测量困难，零漂大、抗干扰能力差；(2) 各种应变片、加速度等传感器作为"多余的附加物"，影响了轮轨系统固有的动力学特性，多个振动源信号的反射、叠加也增大了动力学性能检测的误差。

为了避免这些缺点，学者们开始转向用图像处理的测量方法来研究轮轨系统及运行安全理论机理。

2. 基于图像处理的机车安全运行监测的研究现状

轮轨的接触状态能直观地反映列车的运行状态，所以人们采用了基于图像处理的测量方法即用摄像机监控轮轨接触位置，然采用数字图像处理技术对每一帧图像进行特征信息的提取。所谓的数字图像处理 (Digital Image Processing) 技术是通过计算机对图像进行去噪、滤波、特征提取等处理的技术。

在基于图像处理的测量方法中，薛琴等[22] 提出了采用 CCD 方法测量火车轮对的偏心和磨耗，该方法在每一轮对左右两个车轮侧面的上下边缘处分别放置两个摄像头，用模式识别的方法提取出踏面轮廓线，完成偏心和磨耗的计算。肖杰灵等[23] 研制了一套轮轨接触状态可视化检测装置，该装置把两个摄像机安装在钢轨两侧，然后利用图形拼接的方法获得轮轨接触曲线。杨淑芬等[24] 建立了以 DSP (Digital Signal Processing) 为核心的轮轨接触点硬件和软件检测系统，通过对轮轨图像进行预处理、边缘检测、形态学处理以及边缘连接得到轮轨边缘的轮廓，最终实现轮轨接触点位置的在线连续测量。

基于图像处理的测量方法的图像检测仪器虽然摆脱了对轮轨力测量的依赖，但是仍然存在以下问题：(1) 为每个车轮配置单个摄像机的仪器方案存在轮轨接触关系参量测量不全面的问题；(2) 为每个车轮配置两个摄像机的仪器方案存在安装困难、图像拼接导致检测误差大等问题；(3) 仪器功能仅限于轮轨动态接触几何参数的检测，以判断列车的运行状态。

在轮轨接触相互作用的过程中，轮轨接触点的位置测量是一个空间问题，在准静力学和动力学仿真分析过程中，都有一定的复杂性。但是，机车在运行过程中，由于摇头角的摆动幅度比较小，因此增加了该角度测量的难度，然而从另一方面考虑，该摇头角一般较小，对轮轨接触几何关系的影响很小[25]，因此可以把空间问题当一个平面问题来解决。

轮轨内外两侧的图像特征识别如图 1-4 所示，由于摄像机很难拍摄到轮轨接触点位置，但接触点位置的变化能导致机车车轮相对轨道发生偏移。因此，在考虑现有的实验条件情况下，本课题在研究过程中，一开始采用了基于摄像机和激光源相结合的轮轨相对横移检测方法，经过更深一步研究，提出了基于摄像机垂直拍摄的轮轨相对位移检测方法，实现了相对位移的测量，为以后研究分析其参数来监测列车的运行状态及评价其安全性能，开展监测列车运行的状态及运行安全性机理的探索和研究奠定了基础。

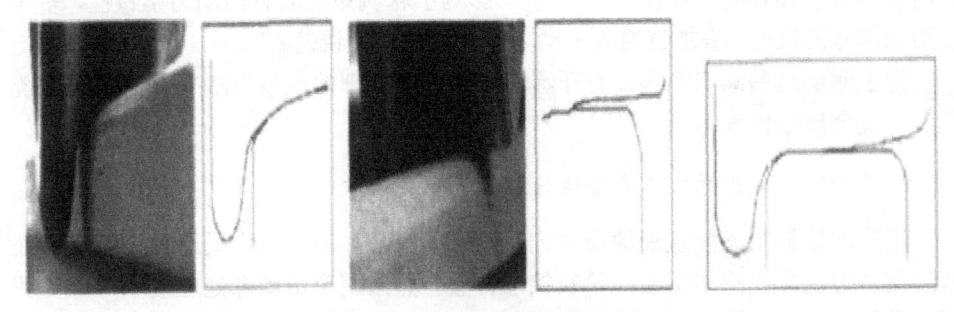

图 1-4 轮轨内外两侧的图像特征识别

基于摄像机和激光源相结合的轮轨相对横移检测方法，即将摄像机和激光源分别安装在转向架上并使其位于车厢底部，当发生横移时，可以利用激光点在轨道侧面的位移来反映轮轨的相对横向位移。基于摄像机垂直拍摄的轮轨相对位移检测方法，是将相机垂直安装在转向架上，利用相机相对于转向架保持相对静止的特点，通过轨道在图像中的横坐标变化来测量轮轨的相对横向位移；同时把激光源也安装在转向架上并与地面保持一定的倾角，使激光照到轨道上，利用激光点在轨道图像中的纵坐标变化来测量轮轨的相对垂直位移。

1.3 国内外脱轨研究现状

脱轨是指车轮离开轨道不能正常运行,对脱轨类型进行合理划分是准确进行脱轨研究的前提,经常见到的是爬轨脱轨,它发生在列车低速曲线运行情况下,而列车高速运行中轮轨产生很大的碰撞作用,会使车轮与钢轨侧面形成冲击作用并跃起造成跳轨脱轨,爬轨脱轨和跳轨脱轨是本章中要考虑的脱轨现象。

在我国,高速铁路发展迅速,铁路网密集,人们出行很方便,但是一旦发生脱轨事故就会造成巨大的损失,如何预防脱轨和有效地监督列车安全行驶显得尤为重要,目前各国都根据本国国情制定了一些策略。

本章用 VI-Rail 软件先建立整车模型,然后进行仿真分析。通过轮轨接触几何参数与脱轨安全性、平稳性、稳定性的联系来分析列车脱轨。

1.3.1 国外脱轨研究现状

19 世纪末,国外开始对脱轨问题进行研究,1896 年,Nadal 在做车轮爬轨试验时,通过静平衡分析得到了现在好多国家在用的与轮轨横向力、垂向力两者有关的计算公式 Q/P[26],这一公式,后来被称为脱轨系数,并逐渐地被各国所使用,但是它有一定的局限性。

归纳起来,Nadal 准则的局限性主要表现在以下方面:

(1) 该标准仅考虑了脱轨侧车轮的运动状态,不考虑非轮缘接触侧摩擦系数对轮缘接触侧的影响;

(2) 该准则的前提是爬轨车轮一直保持上升状态,但是在大多数情况下,实际有效摩擦系数较名义摩擦系数小,甚至为负,这样容易产生误判;

(3) 脱轨的过程是持续的,然而该标准将脱轨看成是一个瞬时的时间点,不符合实际情况;

(4) 通过实验研究表明,当小冲角存在时脱轨系数评价结果是不对的。

自从 Nadal 公式出现以来,世界各国都在采用它,后来有很多国家相继做过很多试验,试验发现,有时即使脱轨系数已经超过安全限值很多,但是列车仍可以平稳地行驶在轨道上,可见这种评价脱轨的标准很局限很保守,这就使得在脱轨研究方面还有很大的安全余量,后来好多国家的学者进行过研究,逐步完善了脱轨系数评价标准。

1984 年,美国国家运输试验中心的 Weinstock 博士研究了整个轴两个车轮的脱轨,他综合考虑轮缘两侧 (即轮缘贴靠侧和非贴靠侧) 的横向力和垂向力的比值,并把此作为一种评价标准,提出一根轴上两个车轮的脱轨系数的相加值不大于 Nadal 脱轨评价标准与轮轨间摩擦系数的相加值 [27]。

除了用脱轨系数来作为评价指标之外，现在好多国家还用到轮重减载率，然而关于动态轮重减载率的限值目前还没有足够的理论依据，只能参考实验线上的脱轨实验结果。

TTCI(美国运输技术中心公司) 在 2000 年时提出了一项爬轨准则，该标准是首次将冲角明确包含在内的爬轨准则，实验和仿真结果均表明：脱轨的距离限值是冲角的函数。但是该准则局限于特定的车辆和轨道润滑状态，为了提高其对加装不同车轮的车辆进行脱轨安全评价时的通用性，TTCI 目前正致力于进一步完善其关于爬轨 Q/P 限值及车辆走行距离限值的研究成果[28]。

20 世纪 70、80 年代间，Princeton 大学的 Sweet 教授和 Karmel 博士对关于直线上的脱轨现象做了很详细的研究，并且在试验研究方面使用了 1:5 单轮对模型，他们不仅建立了 2 自由度和 3 自由度的动态轮对模型，并且分析了非线性蠕滑现象，但是还有一些没考虑进去的因素。

20 世纪中叶，日本铁道部门在机车稳定行驶安全方面及脱轨机理理论方面做了大量的研究，并根据本国实际情况制定了一些安全策略[29]。

1947 年 7 月，日本著名车辆专家松平精在研究日本 D51 蒸汽机车脱轨事故时发现了列车蛇行失稳后会造成脱轨现象，并且认为失稳主要是由于车辆振动作用造成的，后来他用模型进行了验证。

1965 年，日本车辆专家 Keiji Yokose 用模型验证了单轮对脱轨问题[30]，应用滚动蠕滑理论以及实验结果分析提出了包含冲角在内的脱轨评价标准。

目前世界上研究脱轨的学者越来越多，但是很难找到一种标准来代替 Nadal 准则。脱轨不只是静态脱轨[31]，还要考虑动态情况下列车的脱轨情况，导致脱轨问题变得更加复杂，本章打算用轮轨接触几何参数和列车动力学性能相结合的方法来探究。

1.3.2 国内脱轨研究现状

1978 年，中国开始改革开放，经济才开始与世界接轨。在这之前国内的各方面都发展很慢，工业技术也很落后。由于工业的落后，国内对脱轨安全性的研究很晚才起步，直到 20 世纪 70 年代，杨国侦才开始进行研究，他把三种新转向架的脱轨事故和后面做过的脱轨试验连接起来，对低速下的列车脱轨情况进行了探讨。

20 世纪 80 年代初，郭荣生[32] 研究了轮对的导向能力，其定性分析认为，轮对在曲线上时的导向能力如果不大于钢轨的导向能力，那么会有列车脱轨的危险。另外，对车轮的导向能力有重要影响的几个因素是轮缘的接触角、轮轨的接触摩擦系数和轮重减载率等。

20 世纪 80 年代中期，李富达根据小曲线上的大量事故和脱轨试验，定性地分析了影响列车脱轨的各方面的因素，并且在研究中还考虑到冲角对脱轨系数的影响。

20世纪90年代，国内的车辆动力学方面研究才开始迅速发展起来，此时的国内学者开始建立带自由度的单轮对或整节车辆的模型，并用模型进行了仿真分析，模拟出车辆脱轨的过程。

20世纪90年代末，薛弼一应用1:1单轮对脱轨试验装置在西南交通大学牵引动力国家重点实验室振动试验台上做了不同因素的脱轨试验[33]。并且应用蠕滑理论知识分析轮轨接触临界状态时蠕滑力的变化情况[34]，提出了关于蠕滑方面的脱轨系数和轮重减载率计算公式。

近年来，国内一些高校和科研机构也开始关注列车脱轨情况，进行了一些试验，在脱轨研究方面取得了不错的进展。

西南交通大学的翟婉明教授，通过分析大量的国内外脱轨研究试验和研究数据，指出了传统脱轨评价指标的不足。他运用车辆-轨道耦合动力学理论，对单个轮对进行研究，还对爬轨脱轨和瞬时跳轨情况进行了仿真，得出了车轮超限时间和车轮抬升高度之间的联系，最后提出最大允许的安全超限时间为35 ms。

中南大学的曾庆元院士的脱轨研究课题组从20世纪末就开始对列车脱轨理论进行大量的研究，提出了一种列车脱轨能量分析理论。曾院士运用列车的自激特性和反馈理论等理论知识论证了横向失稳会造成列车脱轨现象发生[35,36]。

车辆脱轨至今仍是难以解决的问题，在脱轨试验中，有时即使运行车辆大大超过现有评价标准，也未发生脱轨事故。近年来国内外铁路学者对脱轨进行了大量的研究，然而直到现在对脱轨机理的认识仍很模糊。

参 考 文 献

[1] 肖新标. 复杂环境状态下高速列车脱轨机理研究 [D]. 成都：西南交通大学, 2013.
[2] 李呈祥. 高速列车运行横移及侧滚姿态主动控制研究 [D]. 北京：北京交通大学, 2014.
[3] 钟浩. 基于改善轮轨接触状态的重载车轮型面优化 [D]. 成都：西南交通大学, 2014.
[4] 魏云鹏, 吴亚平, 段志东, 等. 列车蛇形运动状态下轮轨接触特性分析 [J]. 铁道标准设计, 2015, 3: 37-40.
[5] 程力. 基于轮轨表达式的轮轨接触坐标计算方法 [J]. 兰州工业学院学报, 2015, 2: 19-22.
[6] 干锋, 戴焕云基于空间矢量映射的新型轮轨接触点算法 [J]. 机械工程学报, 2015, 10: 119-128.
[7] 向俊. 列车脱轨机理与脱轨分析理论研究 [D]. 长沙：中南大学, 2006.
[8] Barbosa R S. A 3D contact force safety criterion for flange climb derailment of a railway wheel[J]. Vehicle System Dynamics, 2004, 42(5): 289-300.
[9] Saeed M, Soodabeh G. Estimation of train derailment probability using rail profile alterations[J]. Structure and Infrastructure Engineering, 2012, 8(11): 1034-1053.
[10] Koo J S, Choi S Y. Theoretical development of a simplified wheelset model to evaluate

collision-induced derailments of rolling stock [J]. Journal of Sound & Vibration, 2012, 331(13): 3172-3198.

[11] 翟婉明, 陈果. 根据车轮抬升量评判车辆脱轨的方法与准则 [J]. 铁道学报, 2001, 23(2): 17-26.

[12] 曾京, 胡松. 轮轨摩擦碰撞及脱轨研究 [J]. 振动工程学报, 2001, 14(1): 1-6.

[13] Ioan S, Dan B. Mathematical model for the study of the lateral oscillations of the railway vehicle [J]. UPB Scientific Bulletin, Series D: Mechanical Engineering, 2012, 74(2): 51-56.

[14] 罗仁, 曾京. 列车系统蛇行运动稳定性分析及其与单车模型的比较 [J]. 2008, 44(4): 184-188.

[15] 高学军, 李映辉, 高庆. 高速客车蛇行运动稳定性与分岔研究 [J]. 动力学与控制学报, 2008, 6(3): 202-207.

[16] 王开云, 翟婉明, 蔡成标. 车辆在弹性轨道结构上的横向稳定性分析 [J]. 铁道车辆, 2001, (7): 1-4.

[17] Sato Y, Kurihara J, Mizuno M, et al. Development of continuous measurement method for rail-wheel contact forces by in-service trains [J]. Japanese Railway Engineering. 2012, (175): 5-8.

[18] Monje P, Aranguren G, Martine Z B, et al. Using bogie-mounted sensors to measure wheel rolling and sliding on railway tracks [D]. Proceedings of the Institution of Mechanical Engineers, Part F: Journal of Rail and Rapid Transit, 2012, 226(4): 371-380.

[19] Quan Y, He D W, Wang T, et al. Detecting the possibility of train derailment based on FBG sensor system [J], Proceedings of SPIE, The International Society for Optical Engineering. 2011, 8191(24).

[20] 唐永康. 空载货运列车脱轨检测系统的研制 [J]. 工业控制计算机, 2012, 25(8): 52-53.

[21] 张昭英, 陈建政. 列车转向架运行姿态检测系统的研究 [J]. 中国测试, 2012, 05: 59-61.

[22] 薛琴, 陈玮. 双 CCD 轮对图像测量系统研究 [J]. 微计算机信息, 2007, 23(19): 164-166.

[23] 肖杰灵, 刘学毅, 张渝. 轮轨接触几何状态检测装置 [J]. 中国铁道科学, 2008, 29(4): 141-144.

[24] 杨淑芬. 轮轨接触点位置图像检测方法研究 [D]. 成都: 西南交通大学, 2009.

[25] 金学松, 沈志云. 轮轨滚动接触力学的发展 [J]. 力学进展, 2001, 31(1): 33-46.

[26] Nadal M J. Theorie de la stabilte des locomotives. Part2: movement de lacet [J]. Annla Mines, 1896(10): 232-255.

[27] Weinstock H. Wheel climb derailment criteria for evaluation of rail vehicle safety [C]. Proceedings of the ASME Winter Annual Meeting, 1984: 1-7.

[28] Shust W C, Thompson R, Elkins J. Controlled wheel climb derailment tests using a force measuring wheelset and AAR's track loading vehicle [C]. Proceedings of 12th International Wheelset Congress, 1998: 5-15.

参 考 文 献

[29] 王俊彪. 日本轮轨关系研究现状综述 [J]. 现代城市轨道交通, 2009(4): 1-8.

[30] Keiji Yokose. An analysis of running stabillity of high speed railway trucks connected in series with elastic and frictional forces working against truck turning [J]. Vehicle System Dynamics, 2007, 17(sup1): 543-554.

[31] 周阳, 刘晓京, 李苒, 等. 基于准静态试验的车辆脱轨安全性评价方法研究 [J]. 铁道车辆, 2014, 52(5): 10-13.

[32] 郭荣生. 铁道车辆在曲线上脱轨问题的基本轮轨关系 —— 轮对的导向能力 [J]. 铁道车辆, 1981(1): 11-19.

[33] 薛弼一. 脱轨机理及试验研究 [D]. 成都: 西南交通大学, 1998.

[34] 王开云, 王少林, 杨久川, 等. 地震环境下铁路轮轨动态安全性能及脱轨研究进展 [J]. 地震工程与工程振动, 2012, 32(6): 82-94.

[35] Xiang J, Zeng Q Y, Lou P. Transverse vibration of train-bridge and train-track time-variant systerm and the theory of random energy analysis for train derailment [J]. Vehicle Systerm Dynamics. 2004, 41(2): 129-155.

[36] Xiang J, Zeng Q Y. A study on mechanical mechanism of train derailment and preventive measures for derailment [J]. Vehicle Systerm Dynamics. 2005, 43(2): 121-147.

第 2 章　基于激光源的机车轮轨相对横移图像检测

随着我国高速铁路事业的迅速发展，列车运行速度不断提高、载重量不断增大，与此同时，列车运行的动态环境急剧恶化，轮轨间相互作用引发的磨损、疲劳、脱轨等问题变得更加突出。列车运行安全是高速铁路运营最关键的问题之一，轮轨接触状态分析是列车动态监测研究的主要内容，轮轨之间的相对位置是轮轨接触状态的最直接的反应，对轮轨相对位置的在线、连续监测是检测列车运行稳定性和安全性[1,2]的重要手段，也对高速机车的安全性和稳定性研究具有十分重要的意义。孙丽霞[3]提出了基于轮对横移加速度移动均方根值、转向架横向振动加速度和脱轨系数的高速列车动态脱轨安全性综合评价方法，可准确地监测高速列车的脱轨安全性；文献[4]~[8]通过建立不同的动态接触模型，研究了轮轨接触的几何参数，实现踏面外形优化以及对轮轨动态稳定性和安全性定量分析。如文献[6]建立了一种非线性蠕变模型，通过模拟动态轮轨接触的行为，估测动态轮轨接触模型的临界速度。这些分析方法具有很强的理论性，虽然研究已深入到微观轮轨接触点，却由于计算过程复杂且计算时间过长难以在工程上进行应用。在车辆仿真研究时，即使事先计算好轮轨接触参数数表，并通过插值来提高轮轨接触几何参数计算效率，但这种数表法也仅适用于规则的轮轨踏面。对于实际中不规则轮轨踏面，如车辆道岔，其分析计算必须采用轮轨接触参数在线计算方法，而数表法难以确保运算效率及准确性。杨淑芬等[9]建立了轮轨接触点在线图像检测系统，实现了对轮、轮缘边缘与轨道直线相对位置的实时采集，但由于摄像机位置设置的限制及图像处理中的误差累积，实验结果准确性较低。

因此，本章提出了一种基于激光源的机车轮轨相对横移图像检测方法，将对轮轨相对横移量的测量转换为激光源在轨道内侧表面斑点中心位置变化量的提取，并利用该方法实现了对机车横移数据的实时采集、测量和存储，从而简化了横移数据提取的计算量，提高了运算的准确性，便于实际应用。这为高速机车安全性和稳定性检测提供了更加科学、有效的技术手段，并为其研究奠定了基础。

2.1　图像采集系统设计

由于轮轨接触点位置的限制，传统的机车轮轨横移图像检测无法做到水平正向拍摄，只能采取相机以一定倾角采集轮轨接触部分图像的方法，并依据提取图像对轮轨接触曲线分割，最后对相机进行标定得到横向移动数据。此类方法[9-11]不

2.1 图像采集系统设计

能准确地反映轮轨接触的实际状况,且在提取不同轮缘内侧面与钢轨内侧面图像边缘线时也存在一定误差,由于坡地角存在,该方法分割出的两条非平行边缘线间距在确定过程中误差增大。为了精确测量机车相对横向移动距离,本章首先通过激光源的设置将机车横移的测量变为激光光斑位置的测量,实现间接测量,避免了对图像的正向提取过程。同时依据机车横移与激光光斑垂移的角度关系,用光斑垂移量作为直接测量值来放大采集量值,提高横移量值的分辨率。用激光光斑中心点纵轴位移变化作为横移量的方法相比较轮轨曲线提取和间距确定过程,运算量大大简化,精确度也得到了提高。

2.1.1 图像采集系统

该检测系统采用激光源和摄像机相结合的方法测量轮轨的相对横向位移,如图 2-1 所示。摄像机和激光源通过刚性支架固定在转向架上且三者的相对位置关系保持不变,由于摄像机不能距离地面太近,为了能够得到清晰的轨道侧面图像,需与地面成一定的夹角,摄像机镜头与激光源发射头轴线所在平面始终需与钢轨走向保持垂直,根据列车最大横摆范围分别调整激光源发射头轴线与水平面夹角 θ,使激光光斑始终在轨腰范围移动,同时调整摄像机镜头水平角 θ_1 使激光光斑始终在其图像中部移动。列车运行过程中,激光发射器水平倾角 θ 与摄像机水平倾角 θ_1 固定,由于激光源和摄像机相对于转向架保持不动,当轮对产生横向位移 l 时,激光源和摄像机也会相对轨道进行移动 l,同时激光光斑在轨道侧面产生纵向移动(m 点 → n 点)。由于光斑的中心点纵移与轮对横移存在几何关系,因此选取激光光斑中心点在图片上纵坐标位置变化来计算轮轨的相对横向位移值,从而实现轮轨相对横向位移的测量。

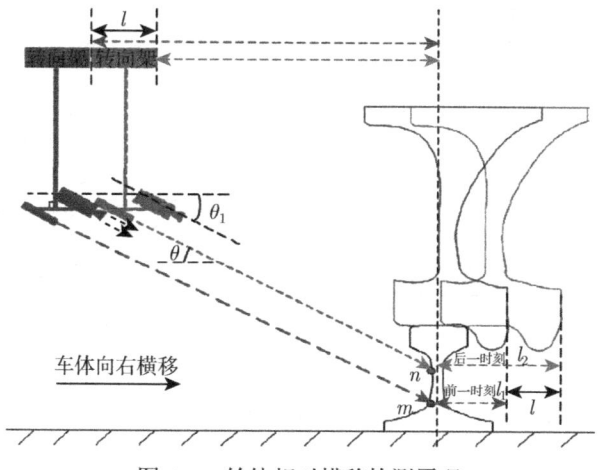

图 2-1 轮轨相对横移检测原理

2.1.2 图像尺度变换

由于机车轮轨相对横向位移与转向架横向位移保持一致，因而可以通过转向架相对于铁轨的横向移动计算轮轨相对横移。为了更直观地表现转向架的水平移动，图 2-2 将前后两个时刻的检测设备位置与钢轨的实际位移表示为图中轨道相对检测设备的水平相对横移量，从而通过激光光斑中心点的移动建立前后两个时刻转向架与轨道相对横向位移关系模型。设摄像机镜头轴心与地面保持 θ_1 夹角，激光发射器中轴线与地面成 θ 角，前一时刻固定支架与钢轨水平距离是 l_1，后一时刻固定支架向右移动距离 l，此时固定支架与钢轨水平距离是 l_2，激光光斑中心点水平位移 nn_1 是实际的轮轨相对横移，定义初始图片上的横向位移 s 是 n 点到图片底部的距离，而轮轨发生相对位移时另一张图片上的横向位移 s_1 是 m 点到图片底部的距离，nn_1 测量步骤如下：

$$n^1 m^1 = (s_1 - s)/\sin(q_1 - q) \tag{2-1}$$

$$n^1 n_1^1 = n^1 m^1 \times \cos q \tag{2-2}$$

$$nn_1 = n^1 n_1^1 \times k = (s_1 - s)/\sin(q_1 - q) \times \cos q \times k \tag{2-3}$$

其中，$n^1 m^1$ 是 nm 的实际长度在图片上所映射的距离 $n^1 n_1^1$；是 nn_1 的实际长度在图片上所映射的距离；k 是实际距离与图上距离之比。

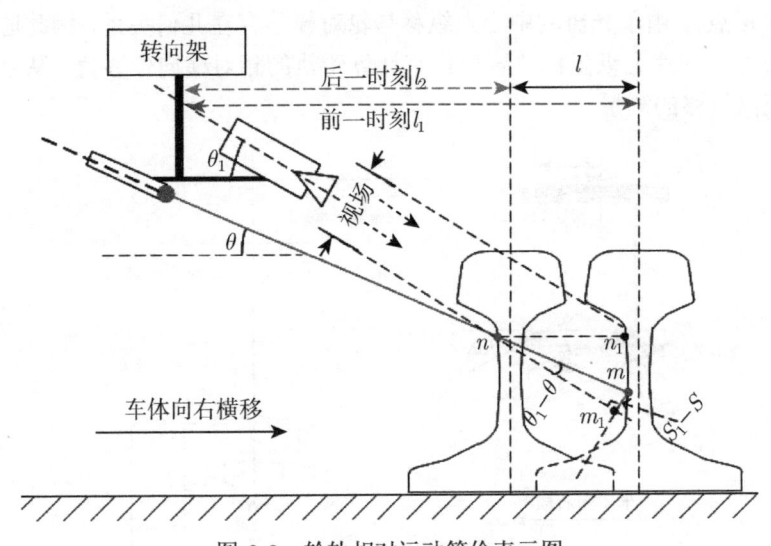

图 2-2 轮轨相对运动等价表示图

2.2 图像处理及特征提取

为了精确提取采集图像中激光光斑中心点位置，本章首先对图像进行预处理，增大图像明暗对比度，然后通过图像二值化分割提取激光光斑轮廓，再对处理后的图像平滑滤波消除噪点，并对光斑进行圆心拟合，为了提高计算精度，可通过多次迭代得出光斑中心点坐标。整个激光区域的中心点坐标检测步骤流程如图 2-3 所示。

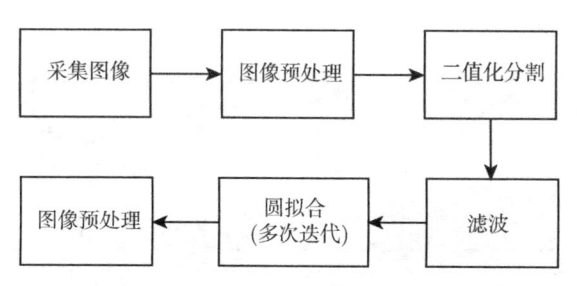

图 2-3 激光点图像检测的步骤流程图

2.2.1 图像预处理

直方图均衡化主要是对图像中像素个数多的灰度级进行扩宽，压缩那些像素个数少的灰度级，有利于提高原图像的对比度。利用 MATLAB 程序对轮轨图像直方图均衡化后，其结果如图 2-4 所示(本实验采集图像大小均为 640×480，默认的坐标原点为左上角)，图像对比度明显增强了，有利于后续的激光点提取。

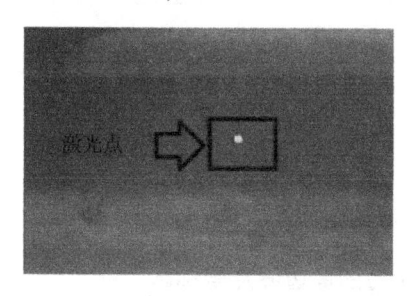

(a) 亮度均衡前的图像　　　　　　(b) 亮度均衡后的图像

图 2-4 轮轨图像亮度均衡化结果

2.2.2 图像二值化分割

本章采用阈值选取法对光斑进行提取。在对图像中光斑区域进行分割时，首先对采集光斑亮度的阈值进行设定，然后对亮度值大于设定阈值的光点进行采用，而对亮度值小于设定阈值的点可认为是外界的干扰光线,予以滤除。处理后的图像如图 2-5(a) 所示。

2.2.3 图像滤波

图 2-5(a) 中由二值化得到的图像周围存在未去除的噪声点且在光斑的中心存在颗粒噪声,可采用先平滑滤波再中值滤波的方法去除这些噪声点。平滑滤波主要用于模糊处理和减小噪声,适合整面积的使用;中值滤波对目标信息有很好的保护作用,可以有效地去除噪声又不会损失图像边缘信息,另外其对光斑图像中的某些点缺陷还有好的修复作用,滤波效果如图 2-5(b) 所示。

(a) 滤波前的图像　　　　　　(b) 滤波后的图像

图 2-5　滤波处理后效果对比图

2.2.4 圆拟合

经过二值化分割和滤波处理后,光斑轮廓变得清晰光滑,便于光斑中心的计算。本章根据最小二乘原理 (残差平方和最小) 通过用圆来逼近激光光斑轮廓实现拟合 [12],所得圆的中心坐标即为光斑中心坐标。圆方程为

$$(x-a)^2 + (y-b)^2 = r^2 \tag{2-4}$$

取残差为

$$\varepsilon_i = (x_i - a)^2 + (y_i - b)^2 - r^2 \tag{2-5}$$

其中,$i \in E$,E 为所有边界的集合;(x_i, y_i) 为图像边界点坐标。

残差平方和函数

$$Q = \sum_{i \in E} \varepsilon_i^2 = \sum_{i \in E} \left[(x_i - a)^2 + (y_i - b)^2 - r^2\right]^2 \tag{2-6}$$

根据最小二乘法有

$$\frac{\partial Q}{\partial a} = \frac{\partial Q}{\partial b} = \frac{\partial Q}{\partial c} = 0 \tag{2-7}$$

2.2 图像处理及特征提取

即

$$\begin{cases} \dfrac{\partial Q}{\partial a} = 2\sum\limits_{i\in E}\left[(x_i-a)^2+(y_i-b)^2-r^2\right](-2)(x_i-a)=0 \\ \dfrac{\partial Q}{\partial b} = 2\sum\limits_{i\in E}\left[(x_i-a)^2+(y_i-b)^2-r^2\right](-2)(x_i-b)=0 \\ \dfrac{\partial Q}{\partial r} = 2\sum\limits_{i\in E}\left[(x_i-a)^2+(y_i-b)^2-r^2\right](-2)r=0 \end{cases} \quad (2\text{-}8)$$

各参数可表示为

$$\overline{x^m y^n} = \sum_{i\in E} x_i^m y_i^m \bigg/ \sum_{i\in E} l \quad (2\text{-}9)$$

由式 (2-9) 推出拟合圆圆心坐标 (a,b) 及半径 r。

$$\begin{cases} a = \dfrac{(\overline{x^2 x}+\overline{x y^2}-\overline{x^3}-\overline{xy^2})(\overline{y^2}-\overline{y}^2)-(\overline{x^2 y}+\overline{y y^2}-\overline{x^2 y}-\overline{y^3})(\overline{xy}-\overline{xy})}{2(\overline{x^2}-\overline{x}^2)(\overline{y^2}-\overline{y}^2)-2(\overline{xy}-\overline{xy})^2} \\ b = \dfrac{(\overline{x^2 y}+\overline{y y^2}-\overline{y^3}-\overline{x^2 y})(\overline{x^2}-\overline{x}^2)-(\overline{x^2 x}+\overline{x y^2}-\overline{xy^2}-\overline{x^3})(\overline{xy}-\overline{xy})}{2(\overline{x^2}-\overline{x}^2)(\overline{y^2}-\overline{y}^2)-2(\overline{xy}-\overline{xy})^2} \\ r = \sqrt{a^2-2\overline{x}a+b^2-2\overline{y}b+\overline{x^2}+\overline{y^2}} \end{cases}$$

$$(2\text{-}10)$$

式 (2-10) 的圆拟合光斑中心位置检测算法虽然形式复杂,但仅对边界点循环一次就可计算出各参数,因此运算效率很高。对已处理图像进行边缘检测,求取拟合圆的边缘,边缘提取效果如图 2-6 所示 (此为放大 3 倍后的光斑图像)。

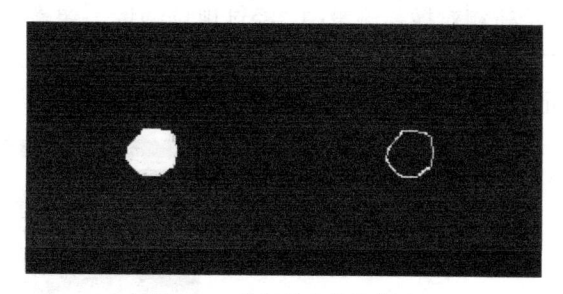

图 2-6 光斑轮廓边缘提取

由边缘检测算法[13] 提取光斑边缘点坐标进行最小二乘法圆拟合,得到的拟合光斑中心坐标是 (x=313, y=234)。将此坐标点标注于原图,如图 2-7 所示中心点位于原白色光斑区域的右侧,可初步判断首次拟合圆检测中心点不准确。

根据实际半径与拟合半径均方误差可将误差较大的边缘点排除,对光斑进行反复迭代,拟合出准确的圆光斑中心位置,其坐标为 (x=305, y=233)。如图 2-8 所示,将居于白色激光区域的中心与实际数据进一步对比,检验其精确度。

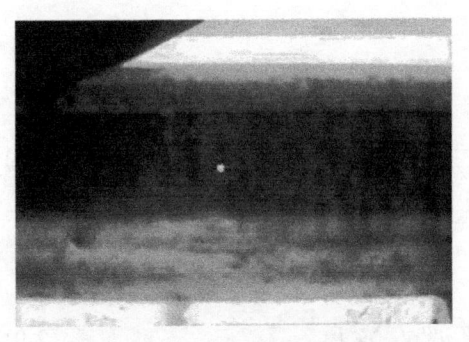

图 2-7 激光点粗略定位结果图 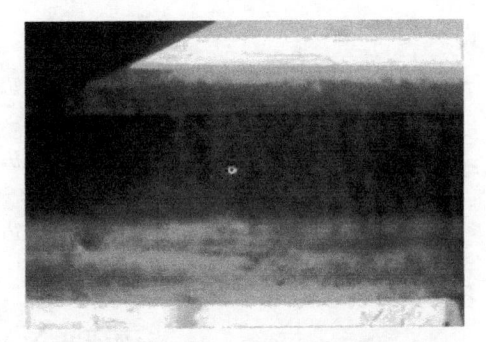　　　　　图 2-8 激光点精确定位结果图

2.3 实验数据处理及误差分析

为了测试基于激光源的机车轮轨相对横移图像检测方法的精确性，本实验采用机车转向架模拟动载试验台进行了实验，实验平台为 12.5 m 长的 60 kg/m 标准双轨，将固定有采集装置的转向架以平行轨道上一条线为基准位置进行模拟行走运动并于数据采集点进行激光光斑图像采集系统测量，如图 2-9 所示。实际平移数据采用机械游标卡尺设定，其测量范围 0~300 mm，精度 0.05 mm。将轮轨相对位移误差定义为检测数据与实际数据之差，由于检测数据是图像的像素值，在转为实际距离时需先计算图像采集时图像距离与实际距离的比例关系。在基于摄像机与激光源相结合的轮轨相对横移测量中，经过现场测量 1 像素对应实际距离约是 0.098 cm。基于 QT 平台搭建图像数据处理检测系统，如图 2-10 所示，经过软件对 20 组采集数据分析，轮轨相对横移图像检测误差见表 2-1。

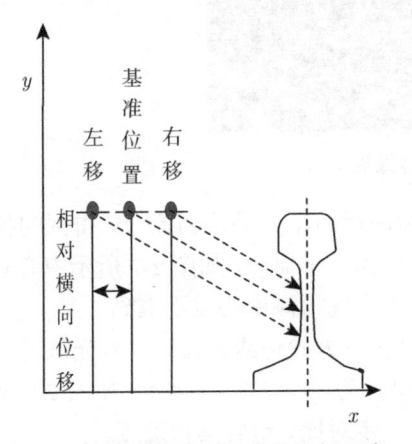

图 2-9 检测系统的相对横移坐标示意 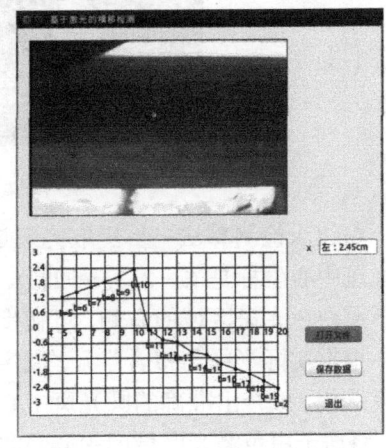　　图 2-10 基于激光的检测系统的数据处理界面

2.4 结 论

表 2-1 基于激光源的轮轨相对横移图像检测误差 (单位：cm)

测量序号	实际数据	检测数据	第帧误差	平均误差
1	右 0.2	右 0.196	−0.004	
2	右 0.4	右 0.392	−0.008	
3	右 0.7	右 0.686	−0.014	
4	右 1.0	右 0.980	−0.020	
5	右 1.2	右 1.274	0.074	
6	右 1.5	右 1.470	−0.030	0.0036
7	右 1.7	右 1.666	−0.034	
8	右 1.8	右 1.862	0.062	
9	右 2.1	右 2.058	−0.042	
10	右 2.3	右 2.352	0.052	
11	左 0.1	左 0.098	−0.002	
12	左 0.5	左 0.490	−0.010	
13	左 0.6	左 0.588	−0.012	
14	左 1.0	左 0.980	−0.02	
15	左 1.1	左 1.078	−0.022	0.0038
16	左 1.5	左 1.470	−0.030	
17	左 1.6	左 1.666	0.066	
18	左 1.8	左 1.862	0.062	
19	左 2.1	左 2.156	0.056	
20	左 2.5	左 2.450	−0.050	

从表 2-1 误差结果分析看，右侧和左侧轨道横移图像检测平均误差分别是 0.0036 cm 和 0.0038 cm。孙善超等[14]在轮轨接触几何关系对高速客车动力学性能影响的仿真研究中得出，轮轨横向游离间隙位于 1.0~1.8 cm 时横向的稳定性最好；陈厚娥等[15]在轨道安全监测中利用滚动台实验研究了轮轨内侧距对机车车辆动力学性能影响，认为轮轨横向游离间距为 1.1 cm 时有利于改善轮轨关系和机车动力学性能。本实验结果表明本系统检测误差相对较小，能精确地检测出轮轨相对横向位移，可用于相关分析。

2.4 结 论

本章设计了一种基于激光源的机车轮轨相对横移图像检测方法，该方法将相机和激光源安装在转向架上，忽略转向架与车轮的微小相对运动并将其视为一体，利用激光光斑中心点在图像中纵坐标位置的变化来反映轮轨的相对横向位移变化，实现了轮轨相对横向位移的图像检测、数据显示和存储。实验结果表明，该检测方法有较高的精确度，这为进一步开展监测机车运行的状态及运行安全性机理的探索和研究奠定了基础。

参 考 文 献

[1] 孙丽霞, 姚建伟. 高速铁道车辆蛇行脱轨安全性评判方法研究 [J]. 中国铁道科学, 2013, 34(5): 82-92.

[2] 王忆佳, 曾京, 罗仁, 等. 高速车辆车轮磨耗与轮轨接触几何关系的研究 [J]. 振动与冲击, 2014. 33(7): 45-50.

[3] 孙丽霞. 高速列车横向运动稳定性和动态脱轨理论分析及评价方法研究 [D]. 北京: 中国铁道科学研究院, 2014.

[4] 任尊松, 金学松. 轮轨多点接触计算新方法曲线通过验证 [J]. 机械工程学报, 2010, 46(16): 1-7.

[5] Polach O, Nicklisch D. Wheel/rail contact geometry parameters in regard to vehicle behaviour and their alteration with wear [J]. Wear, 2016, 366-367: 200-208.

[6] Anyakwo A, Pislaru C, Ball A. A new method for modelling and simulation of the dynamic behaviour of the wheel-rail contact [J]. 国际自动化与计算杂志, 2012, 9(3): 237-247.

[7] 干锋, 戴焕云. 基于空间矢量映射的新型轮轨接触点算法 [J]. 机械工程学报, 2015, 51(10): 119-128.

[8] 倪平涛, 刘德刚, 曲文强. 轮轨与轮轨接触几何计算研究 [J]. 铁道机车车辆, 2012, 32(5): 5-9.

[9] 杨淑芬. 轮轨接触点位置图像检测方法研究 [D]. 成都: 西南交通大学, 2009.

[10] 张渝, 彭建平, 肖杰灵, 等. 轮轨接触状态可视化检测装置研究及试验 [J]. 光电工程, 2009, 36(9): 56-60.

[11] 肖杰灵, 刘学毅, 张渝, 等. 轮轨接触几何状态检测装置 [J]. 中国铁道科学, 2008, 29(4): 141-144.

[12] 吴泽楷, 李恭强, 王文涛, 等. 基于改进圆拟合算法的激光光斑中心检测 [J]. 激光与红外, 2016, 46(3): 346-350.

[13] Jiang B, Rahman Z. Noise reduction using multi-resolution edge analysis [J]. Proceedings of SPIE-The International Society for Optical Engineering, 2009, 7245: 724507.

[14] 孙善超, 王成国, 李海涛, 等. 轮/轨接触几何参数对高速客车动力学性能的影响 [J]. 中国铁道科学, 2006, 27(5): 93-98.

[15] 陈厚嫦, 黄体忠, 王群伟, 等. 轮对内侧距对机车车辆动力学性能影响的试验研究 [J]. 中国铁道科学, 2006, 27(5): 99-103.

第3章 基于改进 Hough 变换的轮轨相对横移图像检测

3.1 系统组成和设计原理

安全问题是铁路交通运输的永恒主题，高速和重载铁路的飞速发展对列车运行安全提出了新的挑战。相对于以前的机车，高速和重载列车一旦脱轨将引起更大危害，尤其是高速列车脱轨可能造成毁灭性的灾难。由于轮轨接触的复杂性，常规的力学分析手段并不能准确地分析轮轨接触状态。轮轨之间的相对位置是轮轨接触状态的最直接的反映，利用目前广泛使用的图像检测技术实现轮轨相对位置的监测，对于检测列车运行的稳定性和安全性都具有十分重要的意义。

3.1.1 系统组成

为了监测轮轨接触状态，本章以机车轮轨相对横向位移变化检测为研究目的，采用摄像机与激光源像结合的方案，巧妙地将机车轮轨相对横向位移的测量转为车轮圆心与激光点在图片上位置的变化，最终实现了轮轨相对横移的精确测量，并且给出了详细的基于精简粒子群优化和 Hough 变换的车轮图像检测的算法介绍。轮轨相对位移量的检测方法的提出为后续防止、减少列车的故障发生和保障列车运行的安全性及完善列车运行的安全标准具有重要的意义。

轮轨之间的相对位置是轮轨接触状态最直接的反映，利用目前广泛使用的图像检测技术实现轮轨相对位置的在线、连续监测是检测列车运行稳定性和安全性的重要手段，对脱轨机理和机车车辆性能研究都具有十分重要的意义[1,2]。由于车轮动态性复杂的背景等原因，使车轮的可靠性检测一直难以实现，Hough 变换是检测图像中特定形状的基本方法，由霍夫 (Paul Hough) 在 1962 年提出[3]，它所实现的是一种从图像空间到参数空间的映射关系，由于该算法对随机噪声不敏感，对不完整边缘具有鲁棒性，而且适用于并行处理，因此被广泛应用于计算机视觉和模式识别等领域，在此我们详细介绍 Hough 变换在车轮检测方面的应用。

由于传统的 Hough 变换耗时，计算量大，很难达到要求的精度。因此许多学者致力于研究检测准确率高且快速的 Hough 变换方法。Galambos[4] 等使用梯度信息减小计算量，以加速算法。Matas 等[5] 提出一种改进的概率 Hough 变换，采用随机取点映射、映射和直线检测交替进行，运算过程可在所有待处理点完成向参数空间的映射或被归类到某一直线上后停止。这时只有小部分待处理点完成映射，其余点即作为被检测到的直线上的点，从待处理点集中去除，而不必进行向参数空间的映射，减少了运算开销。Duquenoy[6] 等提出了一种伪线性方法，应用欠采样技术及预先最大检测技术来加速计算。文献 [7] 提出一种严格的随机 Hough 变换方法，用小的随机样本集取代全部样本集进行预处理，减少错误选择点；张英涛[8,9] 等提出了一种基于精简粒子群优化的 Hough 变换算法，提高了 Hough 变换的速度和精度。

3.1.2 设计原理

为了进一步提高 Hough 变换计算准确率，本章针对基于精简粒子群优化的 Hough 变换算法中存在的缺陷，把模拟退火[10] 思想引入到精简粒子群优化算法中，提出了一种基于精简粒子群优化的 Hough 变换改进算法。

本章提出了一种轮轨相对横向位移检测方法。如图 3-1 所示，当车轮沿着车轨做左右偏移运动，轮轨相对横移检测原理如图 3-1(b) 所示，假设车轮与车轨固定不动，前后两个时刻采集轮轨图像之间的相对横移检测原理如图 3-1(c) 所示。

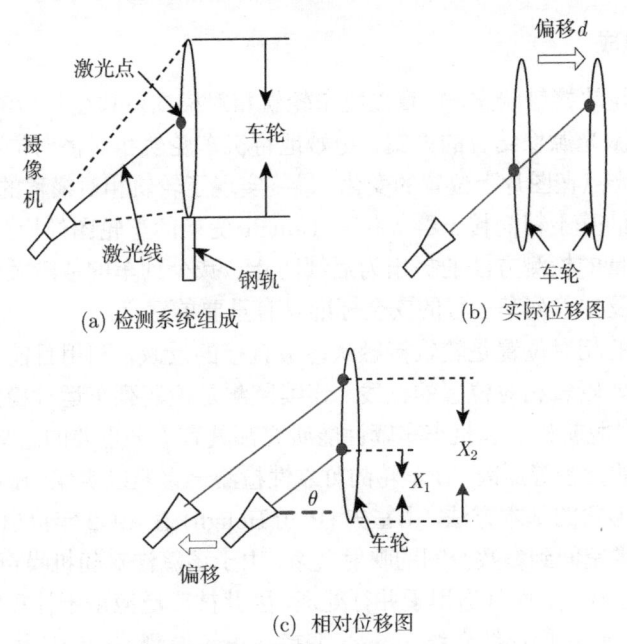

图 3-1 车轮横向位移检测原理图

由图 3-1 可知，轮轨之间相对横移计算公式如下所示：

$$d = X_2/\tan\theta - X_1/\tan\theta$$

式中，d 表示轮轨相对横向位移；X_1 表示激光点到车轮底部的距离；X_2 表示发生相对横移后激光点到车轮底部的距离。

为了检测出轮轨相对横向位移，先对图像进行灰度化处理，选取了不同窗口及阈值对该轮轨图像实现了自适应中值滤波、Canny 边缘检测和粒子群优化和 Hough 变换检测车轮图像，最终准确地检测出车轮半径和圆心点坐标；为了实现激光红点精确定位，对轮轨图像采用阈值分割算法进行粗略定位，然后利用激光红点能量高度集中的特点对其采用了基于亮度最大的激光红点精确定位算法。

3.2 基于精简粒子群优化的 Hough 变换算法原理与缺陷

3.2.1 Hough 变换算法

Hough 变换所实现的是一种从图像空间到参数空间的映射关系。Hough 变换将图像空间中的复杂边缘特征信息映射为参数空间中的聚类检测问题。因此，这使 Hough 变换方法具有明了的几何解析性、一定的抗干扰能力和易于实现的并行处理等优点。Hough 变换是从图像中识别几何形状的基本方法之一，它的起初设计目的是用来分析解析曲线，随后由 Ballard 在 1981 年推广到非解析图形。通过几何学的变换，如仿射变换的方法就可以利用 Hough 变换来检测一般图形。另外，Hough 变换的鲁棒性很好，甚至能够在充满噪声的图像中成功地检测出重叠和半覆盖的物体。Hough 变换在具有高鲁棒性的同时也具有计算量大的缺点。针对这一问题目前对 Hough 变换有很多改进方法，最常见的是随机 Hough 变换和自适应 Hough 变换。

1. Hough 变换直线检测

提取直线的方法有很多，比较常用的有基于聚类的方法 (如 Freeman 链码等) 和标准 Hough 变换 (Standand Hough Transform, SHT) 两种方法。Freeman 链码是将跟踪到的第一个像素点作为一条链码的起始点，接着扫描该点周围八方向是否存在边缘点，没遇到一个边缘点，链码长度加一，并将改点设置为非边缘点以避免重复跟踪；然后继续扫描该点周围 8 个点，如此循环得到直线链码，Freeman 链码方法的优点是实时性较强，但对短直线比较密集的图片很难有较好的检测结果，也不能保证跟踪链码的直线性，最重要的是它不能够得出直线参数。Hough 变换是提取直线的经典算法，它的基本思想包括 3 个步骤：(1) 图像空间每一个非零点对应参数空间的一条曲线轨迹；(2) 在参数空间里设定一个累加器单元，给参数空间的参考点进行计数；(3) 选择参数空间的一个局部最大值，得到一条直线的参数。

在采用 Hough 变换时，我们考虑一个点 (x,y) 和所有通过该点的直线。点 (x,y) 的直线有无数条，这些线对某些 a 值和 b 值来说，均满足 $y = ax + b$。将该公式写

成 $b = -xa + y$ 并考虑 ab 平面，可对一个固定点 (x,y) 产生单独的一条直线。此外，第二个点 (x_1,y_1) 也有这样一条在参数空间上与它相关的直线，这条直线和与 (x,y) 相关的直线相交于点 (a_1,b_1)，其中 a_1 和 b_1 分别是 xy 平面上包含点 (x,y) 和 (x_1,y_1) 的直线的斜率和截距。事实上，在这条直线上的所有点都有在参数空间上相交于点 (a_1,b_1) 的直线。从原理上讲，我们可以绘出与所有图像点有关的参数–空间直线，而图像直线可以通过许多参数–空间直线相交来识别。然而，这种方法的实际困难是 a 接近无穷大。解决这个问题的一种方法是使用直线的标准表示法：

$$x\cos\theta + y\sin\theta = \rho \tag{3-1}$$

图 3-2(a) 说明了参数 ρ 和 θ 的几何解释，当 θ 大于等于 90° 时，ρ 相当于正的 y 截距，当 θ 小于 0 大于 –90° 时，ρ 等于负的 y 截距。图 3-2(b) 中的每一条正弦曲线表示通过特定点 (x,y) 的一簇直线。交点 (ρ_1,θ_1) 表示对应于 (x_1,y_1) 和 (x_2,y_2) 的直线。

(a) 在 xy 平面上的 (ρ,θ) 参数化　　(b) $\rho\theta$ 平面上

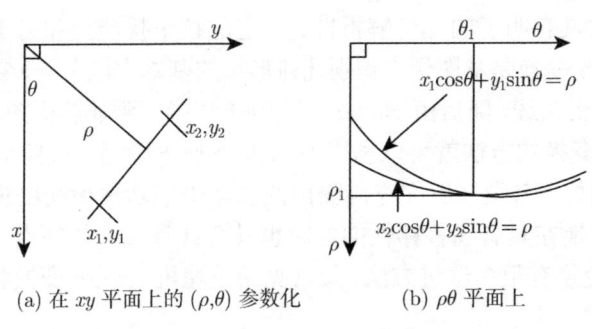

图 3-2　两个空间的对应关系

Hough 变换计算上的诱人之处，在于把 ρ-θ 参数空间细分为累加器单元，如图 3-3 所示，其中 $(\theta_{\min}, \theta_{\max})$ 和 $(\rho_{\min}, \rho_{\max})$ 是参数值的期望范围。一般来说，值的最大范围为 $-90° \leqslant \theta \leqslant 90°$ 和 $-D \leqslant \rho \leqslant D$，其中 D 是图像中交点间的距离。坐标 (i,j) 处的单元对应于与参数空间坐标 (ρ,θ) 相关的方形。最初，这些单元被置零。然后，对于图像平面上的每一个非背景点 (x_k, y_k)，我们令 θ 等于轴上允许的细分值，并通过公式 $\rho = x_k\cos\theta + y_k\sin\theta$ 求出对应的 ρ 值。然后，将得到的 ρ 值四舍五入为最接近的、ρ 轴上的允许单元值。相应的累加器单元增加。最后，累加器单元的值就是平面内位于对应直线的点数。$\rho\theta$ 平面的细分度决定了最后这些共线点的精度。

在这次应用中由于提取环境较为复杂，所以为了检测结果的准确，在设定阈值上，将 θ 设定在 $(-10°, 10°)$ 的范围，在这一角度范围内轨头的下边缘是最长的直线。

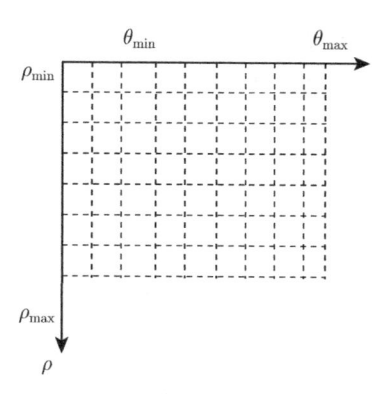

图 3-3 $\rho\theta$ 平面划分成累加器单元

2. Hough 变换圆检测

传统的 Hough 变换圆检测 (Hough Transform Circle Detection，HTCD) 是已知圆的一般方程：

$$(x-a)^2 + (y-b)^2 = r^2 \tag{3-2}$$

把 XY 平面的圆转换到 a-b-r 参数空间上，则通过图像空间过任意一点的圆对应于参数空间的一个三维锥面，图像空间中同一圆上的点对应于参数空间上的所有三维锥面必然交于一点。这样通过检测这一点可以得到圆的参数，相应的圆也可求得。原理图如图 3-4。

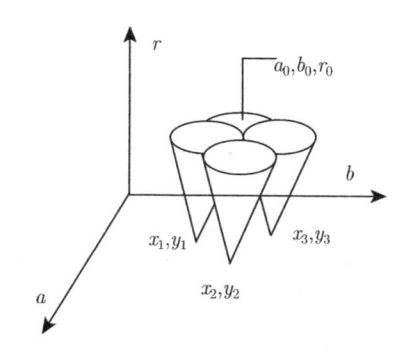

图 3-4 Hough 变换圆检测原理示意图

对应到程序上是首先将图像空间通过公式 $r = \sqrt{(x-x_0)^2 + (y-y_0)^2}$ 转换到 3 个参量空间。

与直线 Hough 变换一样，参量空间需要量化，量化值分别为 Δx、Δy、Δr。这些量化值将参量空间分为许多的量化空间，每一个量化空间也称为一个"箱格"。图像空间中每一个有效像素点 (即大于设定阈值的像素点) 都要通过一定的映射关系，对参量空间中的每个"箱格"进行计算，来决定该像素点是否属于该"箱格"。

如果属于该"箱格",则记录像素点的坐标位置,该"箱格"的累加器加一。最后累加器高的"箱格"即为圆检测的 3 个特征量的大小。原理图如图 3-5 所示。

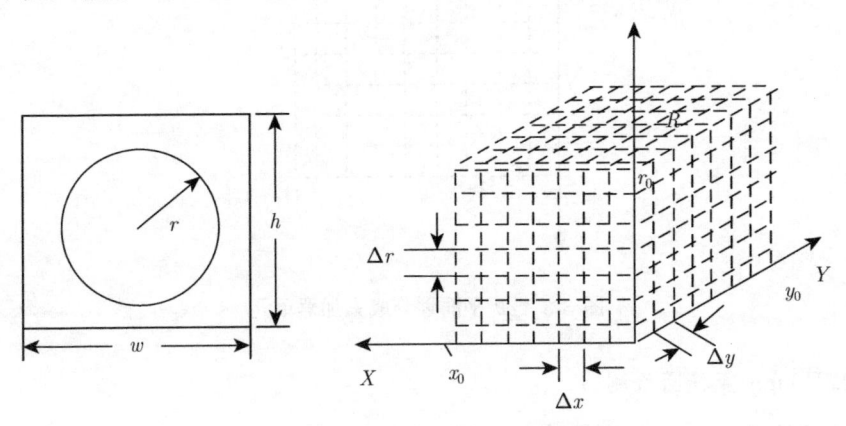

图 3-5 累加器"箱格"示意图

从上面的分析可以看出由于不知道圆心的确切位置,所以参数空间不得不设得很大,量化值又要取值较小,因此圆心的位置很多而每个圆心位置都要和每个图像中的点进行运算,计算量很大,因此需要对程序进行修改来提高检测效率。

针对 Hough 变换圆检测计算量大的问题,有很多对 Hough 变换圆检测的方法改进。主要分为基于梯度的 Hough 变换,分层 Hough 变换,自适应 Hough 变换,随机 Hough 变换等。

3.2.2 精简粒子群算法

1. 粒子群算法思想的起源

粒子群优化 (Particle Swarm Optimization, PSO) 算法[11] 是 Kennedy 和 Eberhart 受人工生命研究结果的启发、通过模拟鸟群觅食过程中的迁徙和群聚行为而提出的一种基于群体智能的全局随机搜索算法,1995 年,IEEE (Institute of Electrical and Electronics Engineers,电气和电子工程师协会) 国际神经网络学术会议发表了题为 "Particle Swarm Optimization" 的论文,标志着 PSO 算法诞生 (注:国内也有很多学者译为"微粒群优化")。它与其他进化算法一样,也是基于"种群"和"进化"的概念,通过个体间的协作与竞争,实现复杂空间最优解的搜索;同时,PSO 算法又不像其他进化算法那样对个体进行交叉、变异、选择等进化算子操作,而是将群体 (swarm) 中的个体看作是在 D 维搜索空间中没有质量和体积的粒子 (particle),每个粒子以一定的速度在解空间运动,并向自身历史最佳位置 p_{best} 和邻域历史最佳位置 p_{best} 聚集,实现对候选解的进化。PSO 算法具有很好的生物社会背景[12]而易理解,参数少而易实现,对非线性、多峰问题均具有较强的全局搜索能力,在科学研究与工程实践中得到了广泛关注 [13-15]。

自然界中各种生物体均具有一定的群体行为，而人工生命的主要研究领域之一是探索自然界生物的群体行为，从而在计算机上构建其群体模型。自然界中鸟和鱼的群体行为一直是科学家的研究兴趣，生物学家 Craig Reynolds 在 1987 年提出了一个非常有影响的鸟群聚集模型 [16]，在他的仿真中，每一个个体遵循：

(1) 避免与邻域个体相冲撞；

(2) 匹配邻域个体的速度；

(3) 飞向鸟群中心，且整个群体飞向目标。

仿真中仅利用上面三条简单的规则，就可以非常接近地模拟出鸟群飞行的现象。1990 年，生物学家 Frank Heppner 也提出了鸟类模型 [17]，其不同之处在于：鸟类被吸引飞到栖息地。在仿真中，一开始每一只鸟都没有特定的飞行目标，只是使用简单的规则确定自己的飞行方向和飞行速度 (每一只鸟都试图留在鸟群中而又不相互碰撞)，当有一只鸟飞到栖息地时，它周围的鸟也会跟着飞向栖息地，这样，整个鸟群都会落在栖息地。

1995 年，美国社会心理学家 James Kennedy 和电气工程师 Russell Eberhart 共同提出了粒子群算法，其基本思想是受对鸟类群体行为进行建模与仿真的研究结果的启发。他们的模型和仿真算法主要是对 Frank Heppner 的模型进行了修正，以使粒子飞向解空间并在最好解处降落。Kennedy 在他的书中描述了粒子群算法思想的起源。自 20 世纪 30 年代以来，社会心理学的发展揭示：我们都是鱼群或鸟群聚集行为的遵循者。在人们的不断交互过程中，由于相互的影响和模仿，他们总会变得更相似，结果就形成了规范和文明。人类的自然行为和鱼群及鸟群并不类似，而人类在高维认知空间中的思维轨迹却与之非常类似。思维背后的社会现象远比鱼群和鸟群聚集过程中的优美动作复杂得多：首先，思维发生在信念空间，其维数远远高于 3；其次，当两种思想在认知空间会聚于同一点时，我们称其一致，而不是发生冲突。

2. *算法原理*

PSO 从这种模型中得到启示并用于解决优化问题。PSO 中，每个优化问题的潜在解都是搜索空间中的一只鸟，称之为粒子。所有的粒子都有一个由被优化的函数决定的适值 (fitness value)，每个粒子还有一个速度决定它们飞翔的方向和距离。然后粒子们就追随当前的最优粒子在解空间中搜索 [18]。

PSO 初始化为一群随机粒子 (随机解)，然后通过迭代找到最优解。在每一次迭代中，粒子通过跟踪两个极值来更新自己；第一个就是粒子本身所找到的最优解，这个解称为个体极值；另一个极值是整个种群目前找到的最优解，这个极值是全局极值。另外也可以不用整个种群而只是用其中一部分作为粒子的邻居，那么在所有邻居中的极值就是局部极值。

假设在一个 D 维的目标搜索空间中，有 N 个粒子组成一个群落，其中第 i 个粒子表示为一个 D 维的向量：

$$\boldsymbol{X}_i = (x_{i1}, x_{i2}, \cdots, x_{iD}), \quad i = 1, 2, \cdots, N \tag{3-3}$$

第 i 个粒子的"飞行"速度也是一个 D 维的向量，记为

$$\boldsymbol{V}_i = (v_{i1}, v_{i2}, \cdots, v_{iD}), \quad i = 1, 2, \cdots, N \tag{3-4}$$

第 i 个粒子迄今为止搜索到的最优位置称为个体极值，记为

$$p_{\text{best}} = (p_{i1}, p_{i2}, \cdots, p_{iD}), \quad i = 1, 2, \cdots, N \tag{3-5}$$

整个粒子群迄今为止搜索到的最优位置为全局极值，记为

$$g_{\text{best}} = (p_{g1}, p_{g2}, \cdots, p_{gD}) \tag{3-6}$$

在找到这两个最优值时，粒子根据如下的公式 (3-7) 和公式 (3-8) 来更新自己的速度和位置 [19]：

$$v_{id} = w * v_{id} + c_1 r_1 (p_{id} - x_{id}) + c_2 r_2 (p_{gd} - x_{id}) \tag{3-7}$$

$$x_{id} = x_{id} + v_{id} \tag{3-8}$$

其中，c_1 和 c_2 为学习因子，也称加速常数 (acceleration constant)，r_1 和 r_2 为 $[0,1]$ 范围内的均匀随机数。式 (3-7) 右边由三部分组成，第一部分为"惯性 (inertia)"或"动量 (momentum)"部分，反映了粒子的运动"习惯 (habit)"，代表粒子有维持自己先前速度的趋势；第二部分为"认知 (cognition)"部分，反映了粒子对自身历史经验的记忆 (memory) 或回忆 (remembrance)，代表粒子有向自身历史最佳位置逼近的趋势；第三部分为"社会 (social)"部分，反映了粒子间协同合作与知识共享的群体历史经验，代表粒子有向群体或邻域历史最佳位置逼近的趋势，根据经验，通常 $c_1 = c_2 = 2$。v_{id} 是粒子的速度，$v_{id} \in [-v_{\max}, v_{\max}]$，$v_{\max}$ 是常数，由用户设定用来限制粒子的速度。r_1 和 r_2 是介于 $[0,1]$ 之间的随机数 [20]。

3.2.3 基于精简粒子群优化的 Hough 变换算法结构图

基于精简粒子群优化 (Reduced Panticle Swarm Optimization, RPSO) 的 Hough 变换算法是把精简粒子群优化算法和 Hough 变换算法结合起来，将 Hough 变换后的参数作为粒子的位置，使用精简粒子群算法寻找最优解，将 Hough 变换的累加数组值作为粒子的适应度。精简粒子群优化算法是一种改进型的粒子群优化算法，

3.2 基于精简粒子群优化的 Hough 变换算法原理与缺陷

该算法主要是在每次迭代更新粒子位置和速度的同时,计算该粒子的适应度,并根据适应度把群中粒子按照降序排列,(按照精简比为 r) 保留 "强壮" 的粒子,组成精简粒子群,搜索粒子在空间中的最优位置。假设采用极坐标进行直线检测,其算法的结构如图 3-6 所示。

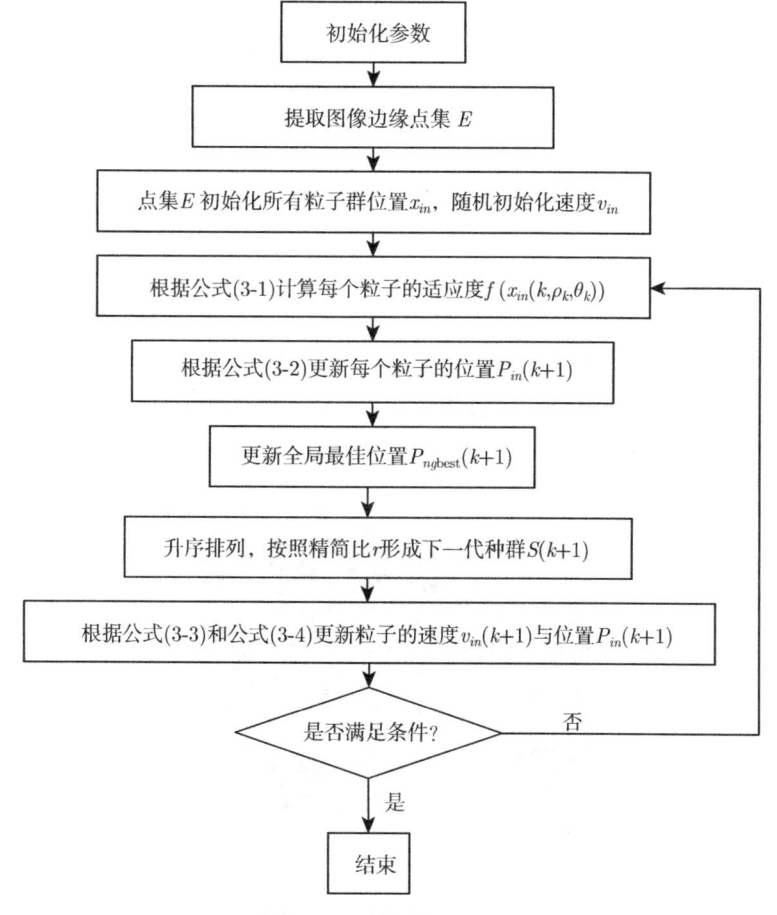

图 3-6 原算法的结构图

$$\begin{cases} f(x_{in}(k,\rho_k,\theta_k)) = A(\rho_k,\theta_k) = \lambda(\rho_k,\theta_k) \\ \lambda(\rho_k,\theta_k) = \begin{cases} 1 & \rho_k = \rho_0, \theta_k = \theta_0 \\ 0 & \rho_k \neq \rho_0, \theta_k \neq \theta_0 \end{cases} \end{cases} \quad (3\text{-}9)$$

$$P_{in}(k+1) = \begin{cases} P_{in}(k) & f(P_{in}(k)) > f(x_{in}(k)) \\ x_{in}(k) & f(P_{in}(k)) \leqslant f(x_{in}(k)) \end{cases} \quad (3\text{-}10)$$

$$v_{id}(k+1) = w \times v_{id}(k) + c_1 r_1 (p_{id}(k) - x_{id}(k)) \\ + c_2 r_2 (p_{gd}(k) - x_{id}(k)) \tag{3-11}$$

$$x_{id}(k+1) = x_{id}(k) + v_{id}(k+1) \tag{3-12}$$

其中，Hough 变换参数 ρ 和 θ 的初值是 ρ_0 和 θ_0，A 为二维累加数组，f 是计算适应度函数，x_{in} 是粒子当前位置，P_{in} 是粒子最佳位置，w 是惯性因子，c_1 和 c_2 为学习因子，也称加速常数 (acceleration constant)，r_1 和 r_2 为 [0,1] 范围内的均匀随机数，k 是迭代次数，$p_{id}(k)$、$p_{gd}(k)$ 分别为粒子群的个体最优位置和群体最优位置。

3.2.4　原算法的局限性

由于基于精简粒子群优化的 Hough 变换算法是结合了精简粒子群优化算法和 Hough 变换算子，而精简粒子群优化算法有易陷入局部极值点、精度较差的缺点，这导致整个算法计算精度不高，这就是原算法的局限性。下面通过实验来说明其局限性，本实验采用基于精简粒子群优化的 Hough 变换算法对轮轨图像进行检测。图 3-7 是模拟图像，图 3-8 是原算法不同等级高斯噪声的检测图像，图 3-9 是原算法不同等级椒盐噪声的检测图像。

图 3-7　模拟图像

$\sigma = 0.1$　　　　　　$\sigma = 0.2$　　　　　　$\sigma = 0.3$

图 3-8　原算法不同等级高斯噪声的检测图像

$n=0.15$　　　　　　　$n=0.3$　　　　　　　$n=0.45$

图 3-9　原算法不同等级椒盐噪声的检测图像

从实验结果可以看出，原算法的计算精度不太理想，这是由于原算法中的精简粒子群优化算法易陷入局部极值点、搜索精度不高，在一定程度上影响了原算法检测的计算精度，所以使精简粒子群优化算法跳出局部最优解、提高寻优能力，对改善原算法的局限性是至关重要的。

3.3　基于粒子群优化的 Hough 变换算法的改进

针对原算法存在易陷入局部极值点、检测精度不高这一缺陷，本章将模拟退火算法加入到精简粒子群优化算法中，将改进的粒子群优化算法与 Hough 变换相结合，提出了一种基于精简粒子群优化的 Hough 变换改进算法。该算法把 Hough 变换后的解参数当作粒子的位置，将 Hough 变换的累加数组相反值作为粒子的适应度值，引入改进的模拟退火机制到带有杂交和变异运算的粒子群算法中，实时更新粒子的速度和位置，以进一步调整优化群体，以便快速找到全局最优解。与原算法相比，该算法的计算精度有了显著的提高，而且还加快了收敛速度。

3.3.1　改进算法的原理

模拟退火算法从某一较高初温出发，伴随温度参数的不断下降结合概率突跳特性在解空间中随机寻找目标函数的全局最优解，即按照 Metropolis 准则接受优化解的同时也接受恶化解，使算法跳出局部极值区域，最终收敛至全局最优解。改进算法就是通过模拟退火算法更新优化种群粒子，从而改善计算精度和运算速度。

假设改进算法采用极坐标进行直线检测，其算法的结构如图 3-10 所示，与原算法结构图相比，改进算法增加了杂交变异模块和退火模块，并且粒子群按降序排列选取粒子。杂交和变异模块采用了模拟退火思想更新了每个粒子的位置和速度，调整优化了种群粒子形成了下一代种群；退火模块又进一步更新了种群粒子的位置和速度。

第 3 章 基于改进 Hough 变换的轮轨相对横移图像检测

```
初始化参数
    ↓
提取图像边缘点集E
    ↓
点集E初始化所有粒子群位置P_in，随机初始化速度v_in
    ↓
杂交和变异
    ↓
根据公式(3-1)计算每个粒子的适应度f(x_in(k,ρ_k,θ_k))
    ↓
根据公式(3-2)更新每个粒子的位置P_in(k+1)
    ↓
更新全局最佳位置P_ngbest(k+1)
    ↓
降序排列，按照精简比r形成下一代种群S(k+1)
    ↓
根据公式(3-3)和(3-4)更新粒子的速度v_in(k+1)与位置P_in(k+1)
    ↓
按Metropolis准则是否接受新解？ 否→
    ↓是
降温，退火过程是否结束？ 否→
    ↓是
结束
```

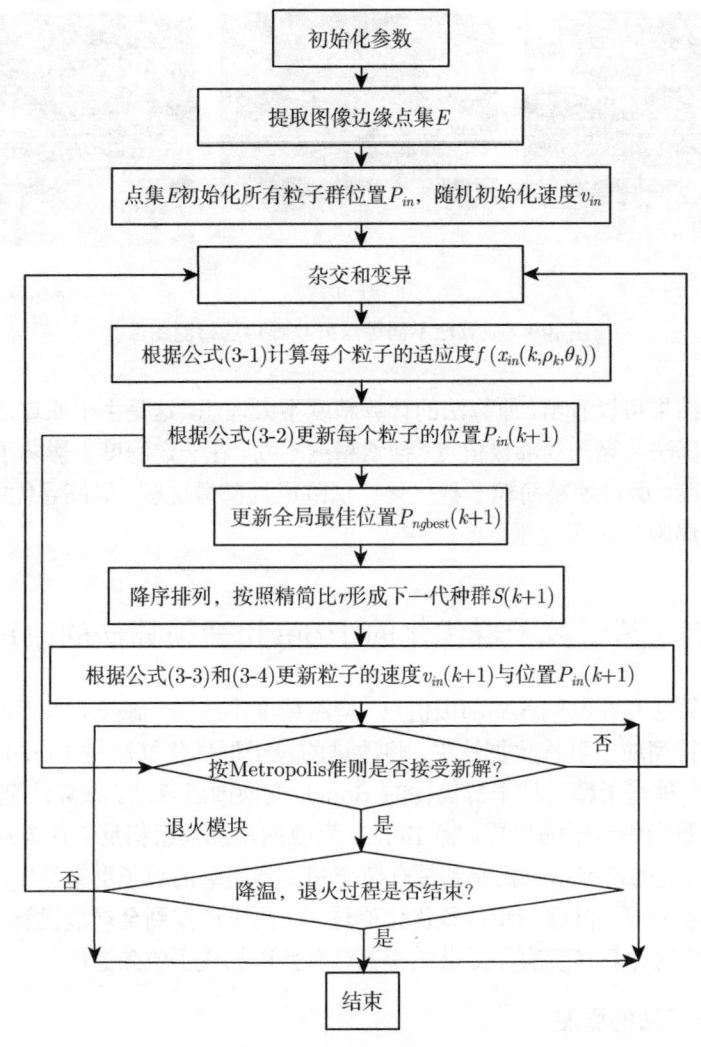

图 3-10 改进算法的结构图

1. 杂交和变异模块

杂交和变异模块包含了粒子群的杂交运算和变异运算。其中，先把粒子群独立进行杂交运算产生的子种群进行模拟退火，以进一步优化种群；再把优化种群进行高斯变异运算产生的子种群进行模拟退火，形成新一代优化种群。

杂交运算是根据杂交概率将一定数量的粒子放在密闭室里，然后粒子进行两两杂交，产生相同数目的孩子粒子，通过公式 (3-13) 计算父母粒子的位置算术加权和得到的孩子粒子的位置，通过公式 (3-14) 计算父母粒子的速度算术加权和得到孩子粒子的速度，其中，x 是 D 维位置向量，v 是 D 维速度向量，p 是 D 维随机分布向量，$\text{parent}_k(\boldsymbol{x})$ 和 $\text{child}_k(\boldsymbol{x})$ 分别指父母粒子和孩子粒子的位置，$\text{parent}_k(\boldsymbol{v})$ 和 $\text{child}_k(\boldsymbol{v})$ 分别指父母粒子和孩子粒子的速度。

$$\begin{cases} \text{child}_1(\boldsymbol{x}) = \boldsymbol{p} \times \text{parent}_1(\boldsymbol{x}) + (1-\boldsymbol{p}) \times \text{parent}_2(\boldsymbol{x}) \\ \text{child}_2(\boldsymbol{x}) = \boldsymbol{p} \times \text{parent}_2(\boldsymbol{x}) + (1-\boldsymbol{p}) \times \text{parent}_1(\boldsymbol{x}) \end{cases} \quad (3\text{-}13)$$

$$\begin{cases} \text{child}_1(\boldsymbol{v}) = \dfrac{\text{parent}_1(\boldsymbol{v}) + \text{parent}_2(\boldsymbol{v})}{|\text{parent}_1(\boldsymbol{v}) + \text{parent}_2(\boldsymbol{v})|} |\text{parent}_1| \\ \text{child}_2(\boldsymbol{v}) = \dfrac{\text{parent}_1(\boldsymbol{v}) + \text{parent}_2(\boldsymbol{v})}{|\text{parent}_1(\boldsymbol{v}) + \text{parent}_2(\boldsymbol{v})|} |\text{parent}_2| \end{cases} \quad (3\text{-}14)$$

变异 (mutation) 操作是根据变异概率 P_m 选取一定数量的粒子按照高斯变异算子进行变异，用变异后的粒子代替原粒子，高斯变异 (Gaussian mutation) 操作如式 (3-15)。

$$\text{mutation}(\boldsymbol{x}) = \boldsymbol{x} \times (1 + \text{Gaussian}(\sigma)) \quad (3\text{-}15)$$

该模块的基本流程如下。

(1) 将粒子群以概率交叉概率 P_c 进行杂交形成子种群，按照如下操作，产生新的种群：从子种群 N_1 中随机地选取两个粒子 x_i、x_j，按照式 (3-13) 操作，会产生两个新个体 x_i'、x_j'，分别计算 $f(x_i)$、$f(x_j)$、$f(x_i')$ 和 $f(x_j')$ 各个目标函数值，根据公式 (3-16) 和 (3-17) 选择较优个体，把其结果最为下一代新种群的个体，其中 $\varepsilon \subset [0,1]$ 上的随机数。

(2) 将 (1) 中的种群以变异概率 P_m 选择粒子形成子种群，进行如下操作，形成新种群：从子种群中 N_2 选取个体 x_i，按照式 (3-15) 进行高斯变异操作，产生新个体 x_i'，计算适应值 $f(x_i)$ 和 $f(x_i')$，根据公式 (3-16) 选择较优个体。

$$\begin{cases} \min\{1, \exp(-(f(x_i') - f(x_i))/T)\} > \varepsilon \\ x_i' \text{是新个体} \end{cases} \quad (3\text{-}16)$$

$$\begin{cases} \min\{1, \exp(-(f(x_j') - f(x_j))/T)\} > \varepsilon \\ x_j' \text{是新个体} \end{cases} \quad (3\text{-}17)$$

2. 改进的模拟退火算法

模拟退火算法步骤如下：

(1) 设初始化温度 T_0 和退火加速度 a，随机产生一个初始解 x_0，令 $x_{\text{best}} = x_0$，并计算目标函数值 $E(x_0)$。

(2) 对当前最优解 x_{best} 按照某一领域函数产生一个新解 x_{new}。计算新的目标函数值 $E(x_0)$，并计算目标函数值的增量 $\Delta E = E(x_{\text{new}}) - E(x_{\text{best}})$。

(3) 依照概率 $\min\{1, \exp(-\Delta E/T_k)\} > \varepsilon$ 接受新解 x_{new}，其中 $\varepsilon \subset [0,1]$ 区间的随机数。

(4) 根据某个收敛准则判断抽样过程是否终止，是则返回 (5)，否则返回 (2)。

(5) 降温 T 指向 aT，判断退火过程是否终止，是则输出当前最优解，否则返回步骤 (2)。

在模拟退火算法中，退火加速度 a 值很难确定。在温度初值一定的情况下，如果退火步长很小，虽然最终能得到较好的解，但是算法的收敛速度会很慢；如果退火步长过大，就得不到全局最优解，为了避免上述缺点，提出了改进的模拟退火算法：设计了一个新的降温函数 (3-18) 来改变降温方式，如果在某一温度下的状态被接受的次数较多，这时降低温度的幅度就大一点，否则降低温度的幅度就小一点，改进的算法保证了温度更新时有一定的适应性，提高了收敛速度和精度。在公式 (3-10) 中，c 是调整温度的系数，acceptNum 是被状态接受的次数，totalNum 是循环次数。

$$\begin{cases} t_{k+1} = t_k \mathrm{e}^{-c\alpha} \\ \alpha = \dfrac{\text{acceptNum}}{\text{acceptNum} + \text{totalNum}} \end{cases} \quad (3\text{-}18)$$

退火模块主要是采用改进的模拟退火算法，进一步优化粒子群完成全局最优解的搜索。通过比较两个位置的适应度来决定是否接受新解和降温，降温过程是采用自适应降温函数，提高了算法对温度的适应性，在一定程度上加快了算法的进化速度，提高了算法的收敛精度。

3.3.2 车轮图像检测结果对比

实验采用 MATLAB7.1，在一台 3.2GHz、2G 内存的 Pentium 4 PC 机上运行。为验证本章所提出算法的有效性，本节给出了模拟图像检测结果，图 3-11 所示为改进后算法不同等级高斯噪声的检测图像，图 3-12 所示为改进后算法不同等级椒盐噪声的检测图像。

$\sigma=0.1$ $\sigma=0.2$ $\sigma=0.3$

图 3-11 改进算法不同等级高斯噪声的检测图像

3.3 基于粒子群优化的 Hough 变换算法的改进

$n=0.15$　　　　　　　　$n=0.3$　　　　　　　　$n=0.45$

图 3-12　改进算法不同等级椒盐噪声的检测图像

为比较算法对不同目标的检测准确率,定义检测误差为

$$\begin{cases} E_l = \sum(|\rho_d - \rho_t| + |\theta_d - \theta_t|) \\ E_c = \sum(|x_d - x_t| + |y_d - y_t| + |R_d - R_t|) \end{cases} \tag{3-19}$$

其中,E_l、E_c 分别为检测直线、圆误差,即定义误差为所有检测参数与实际参数差的绝对值累加和;ρ_d、θ_d、x_d、y_d、R_d、b_d 为检测值;ρ_t、θ_t、x_t、y_t、R_t、b_t 为实际值。图 3-13 是原算法及改进算法在不同等级高斯噪声下的检测结果对比图,图 3-14 是原算法及改进算法在不同等级椒盐噪声下的检测结果对比图。

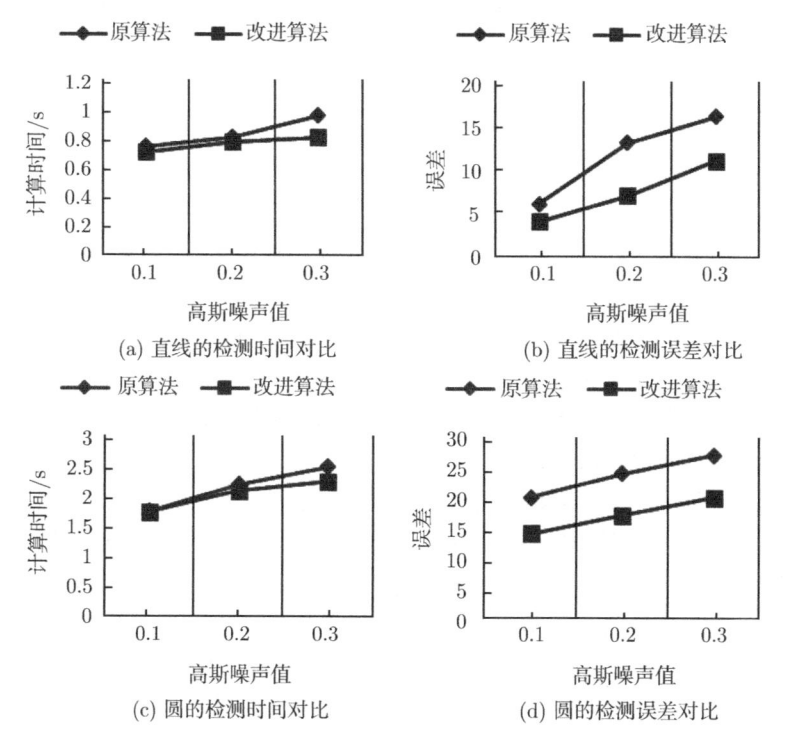

(a) 直线的检测时间对比　　(b) 直线的检测误差对比

(c) 圆的检测时间对比　　(d) 圆的检测误差对比

图 3-13　原算法及改进算法在不同等级高斯噪声下的检测结果对比图

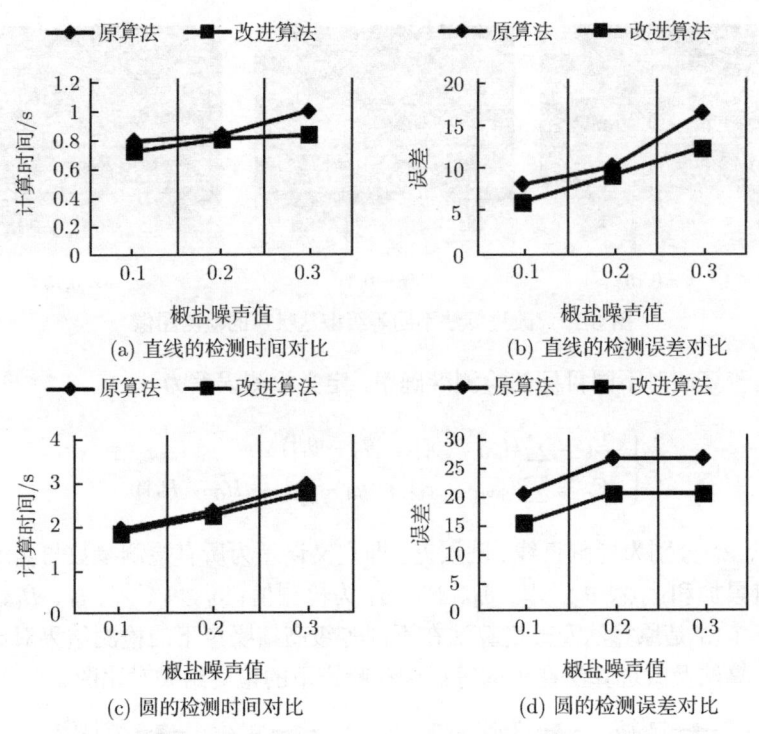

图 3-14　原算法及改进算法在不同等级椒盐噪声下的检测结果对比图

由图可知，基于精简粒子群优化 (RPSO) 的 Hough 变换改进算法不仅提高了原算法的检测精度，而且还提高了计算速度。

3.4　激光点检测

为了准确得到图像上激光红点位置，本章对图像先进行了直方图均衡化处理，增大图像明暗对比度，然后用了基于阈值分割和领域判别的激光点粗略定位方法找到了激光区域中一个像素点，最后搜寻整个满足激光模型中亮度最大点作为精确激光点以计算车轮横向位移。

直方图均衡化主要是对图像中像素个数多的灰度级进行扩宽，压缩那些像素个数少的灰度级，有利于提高原图像的对比度。轮轨图像经过直方图均衡化后，其结果如图 3-15 所示，图像对比度明显增强了，有利于后续的激光点提取。

在车轮图像中，RGB (Red-Green-Blue) 颜色空间上差异主要表现在亮度上，由上一节亮度均衡后，消除了光照变化等影响的亮度后，激光红点具有较高的聚类性，选取一定阈值 (RGB 值) 后，很容易从图像中提取该红色区域。经过多次检测获得了该激光红点区域的 RGB 模型，即 $R = 255$, $B > 200$, $G < 230$ 且 $B > G$,

3.4 激光点检测

粗略定位后找出满足激光红点 RGB 模型区域,如图 3-16(a) 所示。

(a) 原图　　　　　　　　　(b) 亮度均衡结果

图 3-15　亮度均衡实现结果

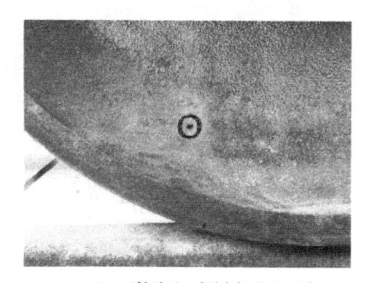

(a) 激光红点区域　　　　　(b) 激光红点被标记区域

图 3-16　激光红点区域分割结果

在图 3-16(a) 中,满足激光红点 RGB 模型区域中的点利用邻域判别法搜寻激光红点区域,并用蓝色点做标记,如图 3-16(b) 所示;可知大部分激光红点区域的点已被寻找到,表 3-1 显示被搜寻到激光点的在图像中的坐标,即对激光红点区域进行了粗略定位。

表 3-1　激光红点区域坐标　　　　　　　　　　　　(单位: 像素)

坐标	序号 1	序号 2	序号 3	序号 4	序号 5	序号 6
X	315	317	314	315	316	317
Y	417	417	418	418	418	418

但为了准确计算车轮横向偏移的距离,需要一个精确的激光红点坐标。由于激光红点具有很好的方向性和高亮度,能量高度集中,所以可以通过寻找激光红点区域的最高亮度 $T(T = R \times 0.299 + G \times 0.587 + B \times 0.114)$ 为精确定位激光红点像素坐标的条件。

如图 3-17 所示,蓝色点即为精确定位的激光红点,且蓝色点为蓝色圆的圆心。

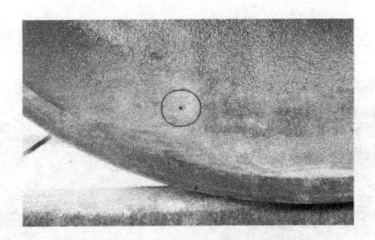

图 3-17 精确定位激光红点

3.5 实验数据处理及误差分析

为了测试轮轨相对横向位移的图像检测方法的性能，本实验将轮轨相对横移

(a) 前一时刻采集的图片　　(b) 前一时刻车轮圆检测精确定位

(c) 前一时刻激光点精确定位　　(d) 后一时刻采集的图片

(e) 后一时刻车轮圆检测精确定位　　(f) 后一时刻激光点精确定位

图 3-18 软件检测结果

3.5 实验数据处理及误差分析

误差定义为实际数据与检测数据之差。利用 Hough 圆检测的圆心的精确定位检测原理及半径计算方法，其前后时刻的圆检测图像分别如图 3-18 (b)、(e) 所示，前后时刻激光点的精确定位分别如图 3-18 (c)、(f) 所示，具体软件检测数据如表 3-2 所示。图 3-18(a)、(b) 为前后时刻采集的照片。

表 3-2 软件测试结果 (单位：像素)

序号	圆心坐标	半径	红点坐标	偏移结果
前一时刻图片	(416, 60)	452	(215, 296)	向外偏移 47
后一时刻图片	(412, 68)	443	(213, 248)	

由表 3-2 数据可知，前后两幅图片之间车轮相对于车轨的横向偏移像素距离为 47，实际偏移为 89.11mm。且向轨道外偏移。图 3-19～图 3-22 分别测量了 4 组软件测试和手动标定的图片，分别检测到图中的圆心和红色的激光点位置。

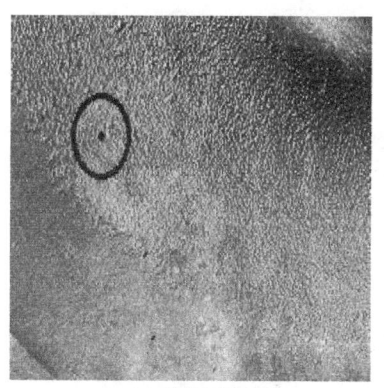

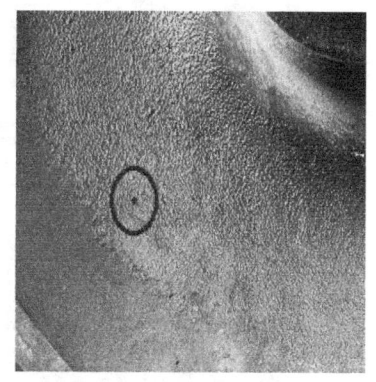

(a) 软件测量红点　　　　　　　(b) 手动标定红点

(c) 软件测量圆　　　　　　　(d) 手动标定圆

图 3-19 图片一测量

· 40 ·　　第 3 章　基于改进 Hough 变换的轮轨相对横移图像检测

(a) 软件测量红点　　　　　　(b) 手动标定红点

(c) 软件测量圆　　　　　　(d) 手动标定圆

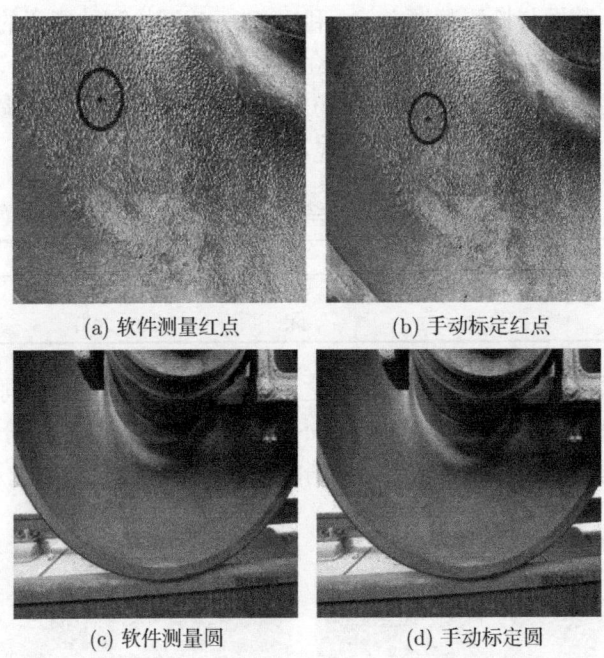

图 3-20　图片二测量

(a) 软件测量红点　　　　　　(b) 手动标定红点

(c) 软件测量圆　　　　　　(d) 手动标定圆

图 3-21　图片三测量

3.5 实验数据处理及误差分析

(a) 软件测量红点

(b) 手动标定红点

(c) 软件测量圆

(d) 手动标定圆

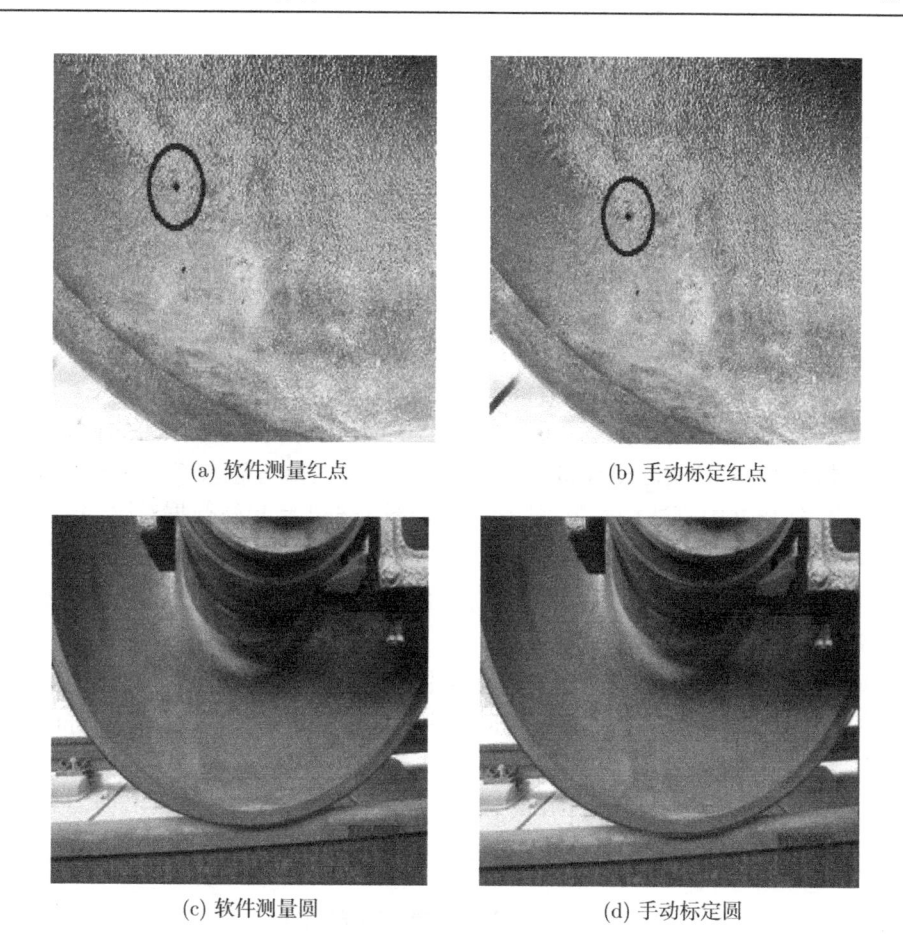

图 3-22 图片四测量

对以上四组图片进行检测分析，利用公式：

$$\begin{cases} \Delta x = x_1 - x_2 \\ \Delta y = y_1 - y_2 \\ \Delta r = r_1 - r_2 \\ \Delta m = m_1 - m_2 \\ \Delta n = n_1 - n_2 \end{cases} \quad (3\text{-}20)$$

其中 (x_1, y_1)，(x_2, y_2) 分别为每张图手动标定与软件测试检测到的车轮圆心坐标，r_1, r_2 为手动标定与软件测试检测到的车轮圆心坐标，(m_1, n_1)，(m_2, n_2) 分别为手动标定与软件测试检测到的红点坐标。由此可得误差分析如表 3-3 所示。

表 3-3　软件测试误差分析　　　　　　　　　　　　（单位：像素）

误差	图片一	图片二	图片三	图片四	平均误差
Δ_x	−5.00	−2.00	0	−2.00	−2.25
Δ_y	3.00	−2.00	3.00	5.00	2.25
Δ_r	−5.00	2.00	−4.00	−3.00	−2.50
Δ_m	1.00	−1.00	1.00	1.00	0.50
Δ_n	0	0	0	0	0

为了将本章中算法检测数据跟实际轮轨的真实的横移量进行比较，在实验室利用转向架轮轨模型模拟机车进行间歇性蛇形运动试验。用 CCD 相机采集车轮图像用于本章算法，另外用卡尺记录转向架运行后发生的横移量 ΔS，进而模拟机车在运行过程中的车轮实际横移量。通过对比检测的图像与静态车轮图像中的红点坐标位置，得出文中算法检测数据。将该实验数据与实际轮轨数据对比，得出此算法和真实值的误差，验证了此方法的有效性和真实性。其中静态车轮检测红点坐标为 (286, 347)，检测横移量 Δd，实际横移量 Δs，通过误差计算公式 (3-21) 分析数据，结果分析如表 3-4 所示。

表中的负数代表横移方向相反，由表中数据可得相对误差基本保持在 5% 以内，说明本章对测量机车在蛇形运动时产生的横移量这一新方法具有很好的实用性和有效性。

$$\begin{cases} \Delta n = \Delta d - \Delta s \\ r = \dfrac{|\Delta n|}{\Delta s} \times 100\% \end{cases} \tag{3-21}$$

表 3-4　火车轮轨横向位移误差分析

组序	红点坐标 (x,y)	移动像素数	半径像素数	Δd/mm	ΔS/mm	误差值 Δn/mm	误差/%
第一组	(283,354)	9	948	7.67	8.15	−0.48	5.89
第二组	(293,362)	17	931	13.54	14.01	−0.47	3.35
第三组	(277,343)	−8	952	−6.53	−6.29	0.24	3.81
第四组	(287,353)	8	943	7.03	6.82	0.21	3.08
第五组	(279,358)	−14	927	−10.59	−11.13	−0.54	4.85
第六组	(285, 344)	−3	928	−2.71	−2.58	−0.13	5.04
第七组	(276, 354)	11	952	9.71	9.48	0.23	2.42
第八组	(283, 358)	14	931	12.63	13.04	−0.41	3.14
平均值	(283, 353)	4	939	3.84	3.94	−0.10	2.54

本章将激光以一定的角度照在车轮侧面，利用图像检测方法将车轮圆心和半径的提取、激光点位置精确定位，最终准确实现了通过车轮圆心与激光点在图片上的位置变化来反映车轮相对横向位移。并且用转向架模型模拟机车，进行间歇性蛇形运动实验，验证了该方法的有效性。该实验结果表明，与传统的方法相比，该方

法实现了轮轨相对横向位移的图像检测，且具备原理简单，实验装置现实可行，有较高的精确度等优点，这为后续进一步开展监测列车运行的状态以完善列车运行的安全性机理奠定了基础。

参 考 文 献

[1] 张海. 高速铁道车辆非线性稳定性的关键因素研究 [D]. 中国铁道科学研究院, 2014.

[2] 孙丽霞. 高速列车横向运动稳定性和动态脱轨理论分析及评价方法研究 [D]. 中国铁道科学研究院, 2014.

[3] Chung K L. Orientation-based discrete Hough transform for line detection with low computational complexity [J]. Original Researth Article. Applied Mathematics and Computation, 2014, 237: 430-437.

[4] Galambos C, Kittler J, Matas J. Using gradient information to enhance the progressive probabilistic Hough transform [C]. Proceedings of the International Conference on Pattern Recognition. Barcelona, Spain, 2000: 560-563.

[5] Matas J, Galambos C, kittler J. Progressive probabilistic Hough transform [C]. Proceedings of British Machine Vision Conference. Southampton, UK, 1998: 256-265.

[6] Duquenoy E, Table-Ahmed A. Applying the Hough transform pseudo-linearity property to improve computing speeding [J]. Pattern Recognition Letters, 2006, 27(16): 1893-1904.

[7] 张英涛, 黄剑华, 唐降龙, 刘家峰. 一种基于精简粒子群优化的 Hough 变换算法 [J]. 天津大学学报, 2011, 44(2): 162-167.

[8] Mukhopadhyay P, Chaudhuri B B. A survey of Hough Transform [J]. Pattern Recognition 2015, 48(3): 993-1010.

[9] Li H Y. Dynamic particle swarm optimization and K-means clustering algorithm for image segmentation [J]. Original Researth Article. Optik-International Journal for Light and Electron Optics, 2015, 126(24): 4817-4822.

[10] 朱颢东, 钟勇. 一种改进的模拟退火算法 [J]. 计算机技术与发展, 2009, 6(19).

[11] Kennedy J, Eberhart R. Particle swarm optimization [C]. Proceedings of the 4th IEEE International Conference on Neural Networks, IEEE Service Center, 1995: 1942-1948.

[12] Grainer S, Gastritis J, Theraulaz G. The biological principles of swarm intelligence [J]. Swarm Intelligence, 2007, 30(1): 3-31.

[13] Eberhart R, Shi Y. Particle swarm optimization: Developments, applications and resources [C]. Proc. IEEE Congo. Evils. Computer, 2001, 1(1): 81-86.

[14] Petropoulos K, Dramatis M. Recent approaches to global optimization problems through particle swarm optimization [J]. Natural Computing, 2002, 40(1): 235-306.

[15] 谢晓锋, 张文俊, 杨之廉. 微粒群算法综述 [J]. 控制与决策, 2003, 18(2): 129 134.

[16] Hug X, Shi Y, Eberhart R. Recent advances in particle swarm [C]. Proc. IEEE Conga. Evolve. Computer, 2004, 1: 90-97.

[17] Banks A, Vincent J, Anyakoha C. A review of particle swarm optimization. Part I: background and development [J]. Natural Computing, 2007, 45(6): 467-484.

[18] 王万良, 唐宇. 微粒群算法的研究现状与展望 [J]. 浙江工业大学学报, 2007, 35(2): 136-141.

[19] Polio R, Kennedy J, Blackwell T. Particle swarm optimization: An overview [J]. Swarm Intelligence, 2007, 1(1): 33-57.

[20] Jammer Van, Robert B, Bart De S. Particle swarms in optimization and control [C]. Proceedings of the 17th World Congress The International Federation of Automatic Control, Seoul, Korea, 2008: 5131-5136.

第4章 基于车载式相机的机车摇头角图像检测

由于列车运行时轮轨接触力复杂、轨道不平顺等问题，列车运行时，机车常常出现蛇形运动，严重时会出现蛇形失稳。此外，由于机车运行速度的不断增大，以及客运量的增加，导致列车轮轨间的互相作用更加剧烈，更容易引发磨损、疲劳和脱轨等故障。为了监测及保证机车运行的安全性、稳定性[1-6]，减轻列车轮轨间的互相作用，避免引发机车运行中磨损、疲劳等故障，瑞士的 Oldrich Polach[7] 通过实验结合仿真结果分析了轮轨接触几何状态在列车运行中稳定极限条件下对列车行为的影响，并取得了不错的效果；庞国斌等[8] 应用 GM 公司冲角测量理论的研究搭建了硬件技术平台，并进行了机车轮轨冲角测试系统的研究，实现了轮轨冲角的精确测量；韩国的 Koo Jeong Seo[9] 基于轮轨间水平和垂直冲击力建立了一种脱轨理论模型，并提出了一套预测和评价轮轨碰撞诱导脱轨的方法；西南交通大学的王彩芸等[10] 在基于非 Hertz 滚动接触理论下利用数值计算方法详细分析了静态接触状态下，横移量和摇头角对轮轨接触质点间蠕滑力、接触斑粘滑区的分布、等效应力的影响，并且通过数值分析，表明了横移量、摇头角的变化对轮轨滚动接触行为的影响；北京航空航天大学的 Zheng Gong[11] 等利用结构光和计算机视觉相结合，进行了在列车运行条件下对车轮直径的动态测量的实验，并且取得了很好的效果；魏云鹏[12] 等根据有限元理论并结合 ANSYS 有限元软件，分析列车在蛇形运动状态下轮轨接触区域的形状"面积"轮轨接触应力和 Mises 应力的特性，对列车在蛇形运动状态下安全状态进行了评价。

机车摇头角是脱轨安全监测和评价中的重要指标，且动态偏转量小，测量环境复杂，如何实现机车摇头角的准确测量尤为重要。为了实现机车摇头角的检测，本章提出了一种基于车载式相机的机车摇头角检测方法，通过图像中椭圆几何特性的变化反映了了机车摇头角的变化，从而实现摇头角的间接测量。通过实验验证了该方法的可行性和准确性，该方法的提出为后续进一步开展监测列车运行的状态以及完善列车运行的安全性机理奠定了基础。

4.1 检测系统组成及原理

由于机车在运行过程中轮轨接触情况复杂，车轮在钢轨上除滚动往往外还伴随着蠕滑。从动力学而言，由于车轮相对于钢轨滚动和蠕滑并存，使得轮轨间冲角测量和转向架和轨道间的摇头角测量困难。本章提出了一种基于车载式相机的机车摇头角检测方法，该方法所用的检测系统主要包括硬件系统和软件系统，硬件系统由 CCD 相机、图像采集卡、装有图像处理软件的 PC 机等；软件系统包括配置 Opencv 库的 VS 图像处理环境，在该环境下实现了图像的相机系统标定、采集处理、特征提取和数据分析等。整个检测系统的工作流程如图 4-1 所示。

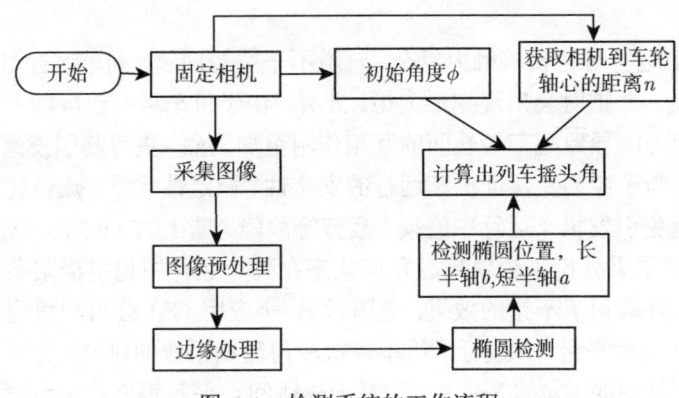

图 4-1 检测系统的工作流程

将相机固定在转向架上并且位置和车轮中心位置保持相对静止。机车在运行过程中，由于存在冲角、轮轨受力复杂等原因，车轮相对于轨道的夹角持续变化，由于车载相机获取的车轮图像为椭圆，且椭圆短轴与相机与轮面夹角有单一映射关系，通过检测车轮图像中短轴的变化可以反映摇头角的变化。本章要求相机镜头主光轴和车轮静止时中心轴线平面在同一高度，由此可以确保相机能够拍摄到整个车轮轮缘，从而能够对场景图像做出有效的约束，根据已有的先验知识，降低算法的复杂程度，提升测量的准确度。其安装示意图如图 4-2 所示。

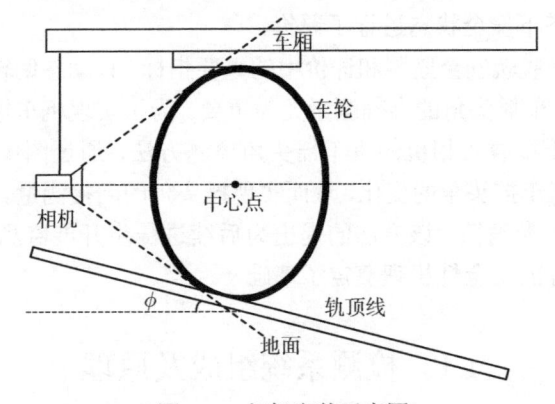

图 4-2 相机安装示意图

当列车在运行过程中，由于相机主光轴与轨道存在夹角 ϕ，相机所拍摄的轮缘图像为椭圆。如图 4-3 所示。从光学成像角度分析，透视投影并非是一个形状保持的变换，从三维物体投射成二维图像时，如果镜头视角与成像物体不平行，那么图像将会被扭曲，但用透视造成的畸变通常不考虑。实际在图像中，椭圆的中心位置并非车轮中心点所在的位置，实际中心点要靠近相机一端，由于角度变化很小，所以可以近似认为椭圆轮缘图像中长轴不变[13]，而用短轴变化来反映相机主光轴与轨道存在夹角 ϕ 的变化。图像中轮缘形状随着不同角度的变化如图 4-4 所示，图中长轴基本保持不变，两短轴比例发生变化。

图 4-3 图像检测轮缘示意图

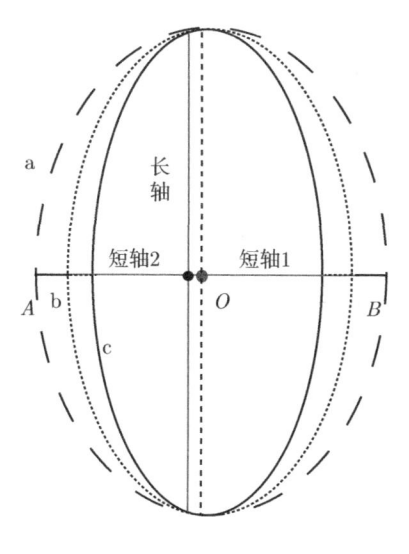

图 4-4 不同角度图像中轮缘图像长短轴位置

为了说明通过图像特征与夹角 ϕ 之间的对应关系，在不考虑图像畸变等复杂因素的情况下，建立车轮成像透视模型数学模型，如图 4-5 所示。由于相机所成图像总是与镜头面平行，而在角度的变化过程中，车轮图像中椭圆长轴的变化很小，所以选取在中心点处的投影平面，这样就可用车轮图像长轴像素值表示车轮半径真实值，两者近似可看成线性关系。

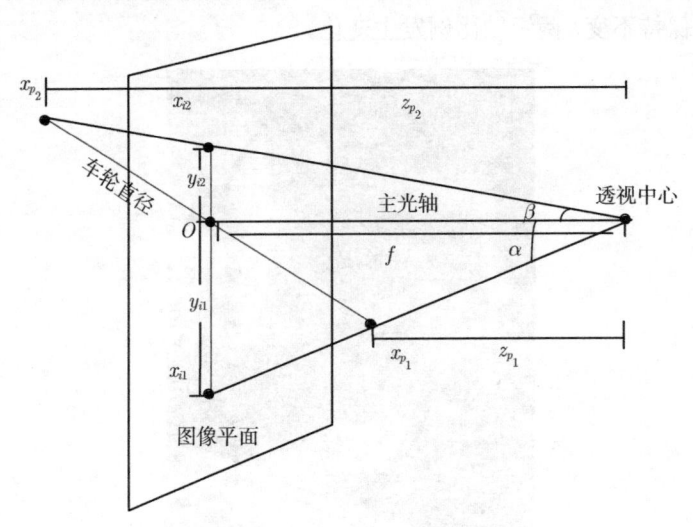

图 4-5 车轮成像透视模型图

图 4-6 中是将透视模型等效的而针孔模型成像几何关系图，$M'N'$ 为车轮位置，$MN=M'N'$，为车轮侧面的投影，O 为 MN 中点，$M'O, N'O$ 即为车轮半径，MO, NO 为等效模型下车轮半径，Q 为摄像机 DC 的中心，γ 为摄像机主光轴与车轮夹角，AB 为图像平面中像的位置，即图像中椭圆短轴长度，为已知量，且由成像原理可知 $AB \perp OQ$。那么根据余弦定理可得公式：

$$\begin{cases} |MQ|^2 = |OM|^2 + |OQ|^2 - 2|OM| \cdot |OQ| \cos\gamma \\ |NQ|^2 = |ON|^2 + |OQ|^2 + 2|ON| \cdot |OQ| \cos\gamma \\ \sin\beta = \dfrac{|ON|\sin\gamma}{|NQ|} \\ \sin\alpha = \dfrac{|OM|\sin\gamma}{|MQ|} \end{cases} \quad (4\text{-}1)$$

又因为 $OM=ON=r$，经计算得

$$|AB| = \frac{2r|OQ|^2 \sin\gamma}{r^2\cos^2\gamma - |OQ|^2}, \quad (\gamma > 30°) \quad (4\text{-}2)$$

4.2 图像中车轮椭圆提取

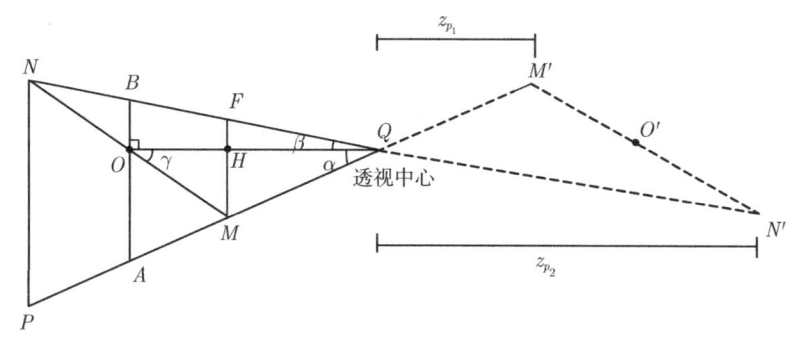

图 4-6 相机成像几何关系图

由公式可得，在相机与车轮位置不变且角度 $\gamma > 30°$ 的情况下，AB 与 γ 是一一对应的关系，由于列车在行进中震动剧烈，检测难度大，通过检测图像中车轮边缘椭圆短轴的长度变化即可反映出车轮角度姿态的变化情况。

4.2 图像中车轮椭圆提取

由于本章方法涉及到轮轨动态性实验，本章用转向架模型进行间歇性蛇形运动实验，取得了不错的效果。在获取的图像中，车轮边缘长短轴变化关系反映了车轮状态信息，所以本章中车轮边缘检测的准确度对本方法的精确性有决定性的影响。

4.2.1 采集图像预处理

采集到的图像背景复杂，受光照等外界因素影响大，在进行图像边缘检测前，要求抑制噪声的同时又要保持图像的边缘，在一定程度上加大了有用信息的提取。针对此问题，本章首先对采集到的图像进行灰度阈值分割，为了得到好的效果，这里采用最大类间方差阈值选择法[14]来选取合适的阈值等，对图像进行灰度阈值分割，结果如图 4-7 所示。

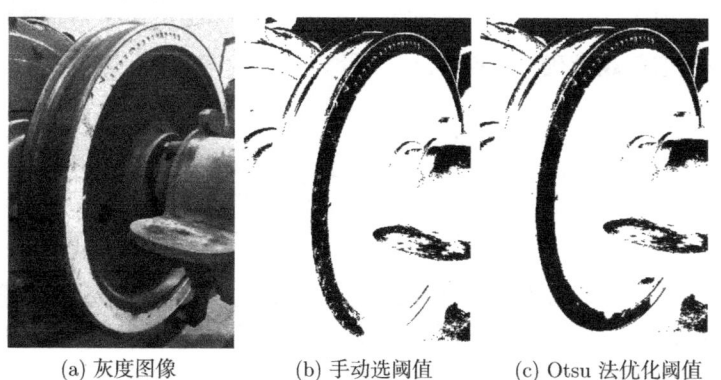

(a) 灰度图像　　(b) 手动选阈值　　(c) Otsu 法优化阈值

图 4-7 Otsu 法阈值分割后的二值图像

车轮图像中存在的噪声主要为高频分量,而图像的边缘信息也主要为高频信息[15]。在本章中将车轮图像进行阈值分割后,对图像进行形态学滤波。该方法主要包括膨胀和腐蚀两个操作,其中在数学上二值图像膨胀定义为集合运算,A 被 B 膨胀,记为 $A \oplus B$,定义为

$$A \oplus B = \{z|(\hat{B})_z \cap A \neq \varnothing\} \tag{4-3}$$

其中,$\varnothing$ 为空集,B 为结构元素。A 被 B 腐蚀记为 $A \ominus B$,定义为

$$A \ominus B = \{z|(B)_z \subseteq A\} \tag{4-4}$$

即 A 被 B 腐蚀是所有结构元素原点位置的集合,其中平移的 B 与 A 的背景并不叠加。如果选择不同大小的结构元素对得到的二值图像进行腐蚀和膨胀处理,达到形态学滤波的效果,滤波结果如图 4-8 所示。

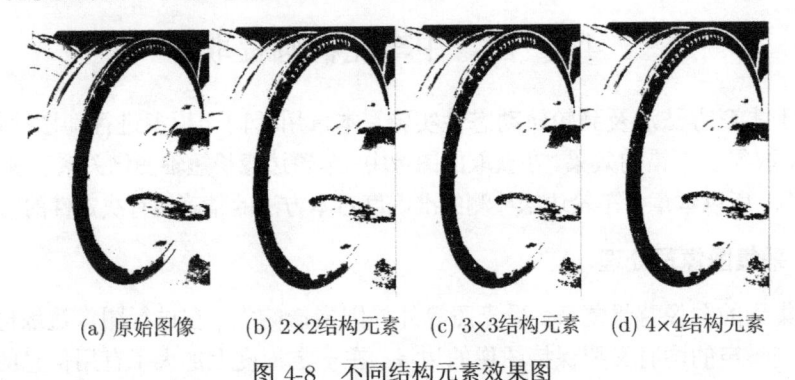

(a) 原始图像   (b) 2×2结构元素   (c) 3×3结构元素   (d) 4×4结构元素

图 4-8　不同结构元素效果图

为了比较结构元素对图像滤波效果的影响,用峰值信噪比[16](Peak Signal to Noise Ratio, PSNR) 这一量来客观评价图像滤波的效果。它是原图像与处理图像之间均方误差相对于 $(2^n - 1)^2$ 的对数值,PSNR 越大表示图像信号质量越好,那么车轮的边缘提取就越准确,其基本公式如下:

$$\text{MSE} = (1/\text{PixelNum}) \times \sum_{i,j} [P(i,j) - Q(i,j)]^2 \tag{4-5}$$

$$\text{PSNR} = 10 \times \lg(255^2/\text{MSE}) \tag{4-6}$$

其中,$P(i,j)$, $Q(i,j)$ 分别代表滤波前后图像的像素点;PixelNum 为像素的数量;MSE (Mean Square Error) 表示滤波前后的均方误差。不同的滤波元素得到的信噪比如图 4-9 所示,则可知在 3×3 结构元素的信噪比最好,即滤波效果最佳。

4.2 图像中车轮椭圆提取

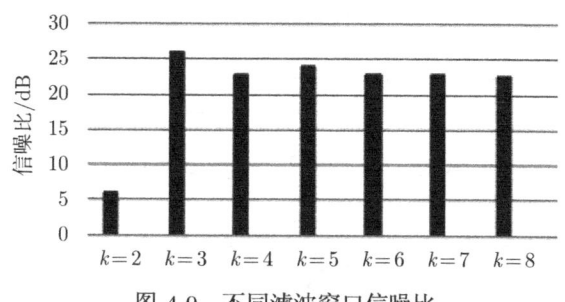

图 4-9 不同滤波窗口信噪比

为了准确地检测出车轮的位移信息,对预处理后的图像进行车轮边缘信息提取的精确程度要求很高。在有效地抑制噪声的同时,必须保证图像的边缘信息不受影响,这直接影响后期的椭圆检测的质量。本章通过采用 Canny 检测算子来控制不同的阈值得到不同的检测效果,图 4-10 给出了不同阈值对比检测的结果。

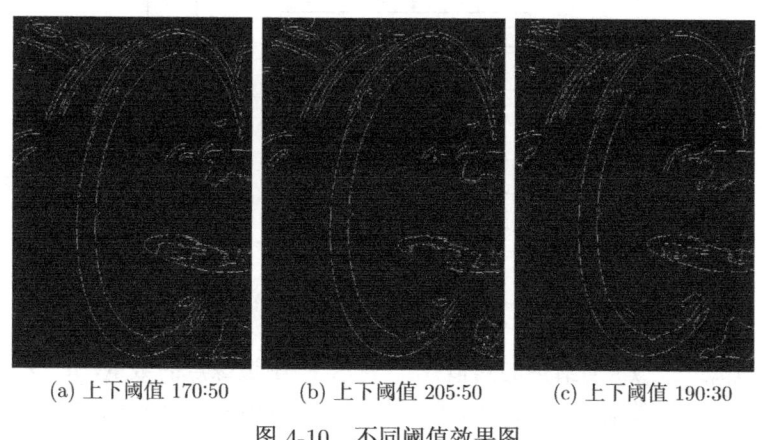

(a) 上下阈值 170:50　　(b) 上下阈值 205:50　　(c) 上下阈值 190:30

图 4-10　不同阈值效果图

4.2.2　基于 RED 算法的车轮椭圆特征检测

椭圆检测在计算机视觉和模式识别领域应用广泛,如目标形状识别、车辆检测等。椭圆检测的方法有很多,大致可以分为类聚和最优化两大类,但常常存在运算量复杂、需要大的储存空间、运算效率低等缺点。所以本章利用随机椭圆检测 (Random Ellipse Detection, RED) 方法[17],该方法结合了随机 Hough 变换和最小二乘法的优点,实现了基于随机 Hough 变换并且利用最小二乘法进行椭圆拟合的检测方法,该法对存储空间要求低,另外对噪声不敏感,能够快速检测椭圆信息。RED 算法首先在检测图像中随机选取 3 个点,然后以这 3 个边缘点为中心,分别进行定义窗口,利用最小二乘法把这 3 个窗口中的所有边缘点拟合成一个椭圆。然后在图像中选取另一个边缘点,判断其是否在假设的椭圆上。如果在椭圆上,则假设的椭圆存在的可能性较大,然后验证椭圆是否存在。算法流程如图 4-11 所示。

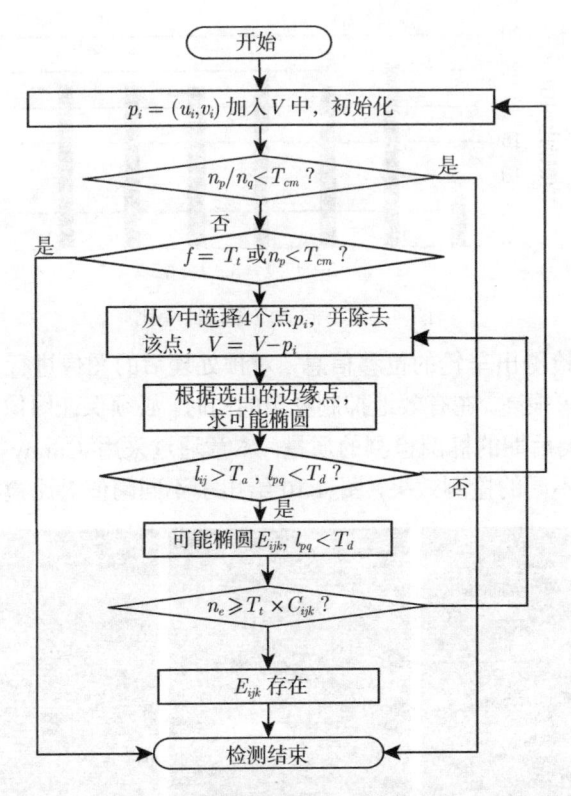

图 4-11 随机椭圆检测算法流程

其中，T_t，T_{cm}，T_a，T_d 为给定的阈值；n_p 表示 V 中边缘点的数量，n_q 为图像中边缘点总数；f 为计数器；l_{ij} 求解椭圆参数中 3 个点中任意 2 点间的距离；l_{pq} 第 4 个点到可能椭圆边界的距离；E_{ijk} 为可能存在的椭圆；C_{ijk} 为椭圆的周长。利用 RED 算法对车轮边缘进行检测，椭圆检测的结果如图 4-12(a) 所示，图 (b)~(e) 分别给出了夹角变化时，不同车轮形态的灰度图，各个不同车轮形态的灰度图分别提取出的椭圆如图 4-13(a)~(e) 所示。

图 4-12 不同角度车轮边缘形态图

4.3 实验数据处理及误差分析

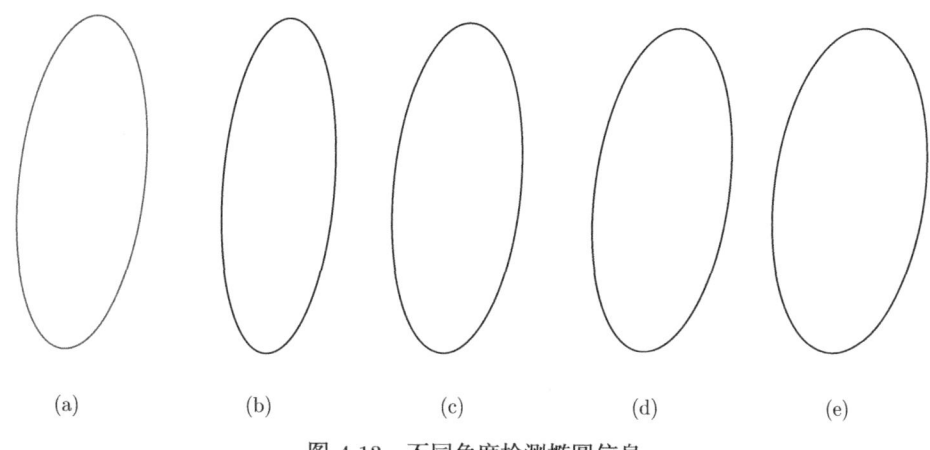

图 4-13 不同角度检测椭圆信息

由图 4-13 可以看出，随着角度的增加，得到的椭圆发生旋转，表 4-1 对椭圆长短轴数据进行分析，从表中可得出，当角度变化时，椭圆长轴在图像中变化很小，短轴变化明显。

表 4-1 不同形态椭圆长短轴数据分析

组数	图像 (b)	图像 (c)	图像 (d)	图像 (e)
偏角/(°)	30.4	31.8	33.2	34.6
长轴 (像素)(pixel)	681	679	682	681
短轴 (像素)(pixel)	291	346	407	453

4.3 实验数据处理及误差分析

为了测试该方法对火车摇头角的检测性能，本实验通过改变 β 获取一系列车轮图像，分别通过图像预处理、Canny 边缘检测、基于 Hough 的边缘检测等算法处理，检测各图像中的椭圆长短轴信息。表 4-2 给出了相机与车轮夹角分别为 30.4°、30.8°、31.2°、31.6°、32.0°、32.4°、32.8°、33.2° 时采用 RED 分析方法得到的车轮椭圆的长短轴数据，其中 OQ=455mm，车轮半径 R=525mm。轮轨相对误差定义为检测数据与实际数据之差，由于检测数据是图像上的像素值，根据图像中椭圆长半轴所占像素数即为半径所对应的像素数，由公式 (4-2) 可得此时的检测角 β，由 $\varphi=|\beta-\phi|$，可得 φ。

通过实验结果数据可以看出，通过检测车轮短轴在图像中的变化反映车轮的摇头角值，并且在误差允许范围内检测出了摇头角数值。

表 4-2　检测结果及误差分析

组数	第一组	第二组	第三组	第四组	第五组	第六组	第七组	第八组
长轴像素数	681	678	681	678	680	681	683	677
短轴像素数	291	308	326	341	353	371	382	398
半径 r 像素数	340	336	333	325	322	315	308	303
检测角/ (°)	30.347	30.749	31.391	31.748	32.172	32.484	32.779	33.176
摇头角/ (°)	0.347	0.749	1.391	1.748	2.172	2.484	2.779	3.176
实际转角/(°)	0.4	0.8	1.2	1.6	2.0	2.4	2.8	3.2
绝对误差	−0.053	−0.051	0.191	0.148	0.172	0.084	−0.021	−0.024
平均误差	0.056							

参 考 文 献

[1] 肖新标. 复杂环境状态下高速列车脱轨机理研究 [D]. 成都: 西南交通大学, 2013.

[2] 李呈祥. 高速列车运行横移及侧滚姿态主动控制研究 [D]. 北京: 北京交通大学, 2014.

[3] 程力. 基于轮轨表达式的轮轨接触坐标计算方法 [J]. 兰州工业学院学报, 2015, 22(2): 19-22.

[4] 陈建政. 轮轨作用力和接触点位置在线测量理论研究 [D] 成都: 西南交通大学, 2008.

[5] 干锋, 戴焕云. 基于空间矢量映射的新型轮轨接触点算法 [J]. 机械工程学报, 2015, 51(10): 119-128.

[6] 钟浩. 基于改善轮轨接触状态的重载车轮型面优化 [D]. 成都: 西南交通大学, 2014.

[7] Polach O. Influence of wheel/rail contact geometry on the behavior of a railway vehicle at stability limit [C]. ENOC-2005, Eindhoven, Netherlands, 2005, 20: 2203-2210.

[8] 庞国斌, 等. 机车轮轨冲角测试系统研究 [J]. 内燃机车, 2005, 12(12): 16-19.

[9] Koo J S, Choi S Y. Theoretical development of a simplified wheelset model to evaluate collision-induced derailments of rolling stock [J]. Journal of Sound &Vibration, 2012, 331(13): 3172-3198.

[10] 王彩芸, 王文健, 等. 横移量、摇头角对轮轨滚动接触行为的影响研究 [J]. 机械设计与制造, 2012, 12(12): 31-33.

[11] Zheng Gong. Dynamic measurement for the diameter of a trainwheel based on structuredlight vision [J]. Sensors, 2016, 16(564): 1-19.

[12] 魏云鹏, 吴亚平, 段志东, 等. 列车蛇形运动状态下轮轨接触特性分析 [J]. 铁道标准设计, 2015, 59(3): 37-40.

[13] Dilip K. Prasad. Edge curvature and convexity based ellipse detection method [J]. Pattern Recognition, 2012, 45(9): 3204-3221.

参 考 文 献

[14] 魏军, 任晓乾, 栾兰. 最佳阈值选择的方法及在图像处理中的应用 [J]. 数字技术与应用, 2014(1): 53.

[15] 王晓凯, 李峰. 改进的自适应中值滤波 [J]. 计算机工程与应用, 2010, 46(3): 175-176.

[16] 王文远. 基于图像信噪比选择优化高斯滤波尺度 [J]. 电子与信息学报, 2009, 31(10): 2083-2087.

[17] 杨隽楠, 等. 车辆转向角的图像检测方法研究 [J]. 全国博士生学术论坛, 2011, 20: 728-737.

第5章　基于激光线检测的轮轨冲角检测

　　轮轨间磨耗程度与线路可靠性有必要联系，由于列车运行时轮轨接触力复杂，轨道不平顺等问题，列车运行时机车常常出现蛇形运动，严重时会出现蛇形失稳甚至脱轨事故。此外，由于机车运行速度的不断增大，以及客运量的增加，导致列车轮轨间的互相作用更加剧烈，更容易引发磨损、疲劳和脱轨等故障[1-6]。轮轨冲角，是指列车运行轨道中心线与轮对运行方向的夹角或在曲线轨道运行时轮对轴线与轨道曲线径向方向的夹角。在国内的研究中由于大多采用测量传感部件直接与轨道接触方式，就导致了机车车辆高速运行时，传感部件易损坏而没有取得较好的效果。

　　而国外对径向转向架的研究较早，对轮轨冲角测量也有深入的研究，其中加拿大和德国公司研制的地面冲角测量装置最具代表，该装置采用激光测距原理，属于地面单点测量，其后续处理过程复杂，测量和处理装置只能固定安装于轨道被选定的测点，受安装环境影响较大，且只能实现单点单次测量。瑞士的 Oldrich Polach[7] 通过实验结合仿真结果分析了轮轨接触几何状态在列车运行中稳定极限条件下对列车行为的影响，并取得了不错的效果；庞国斌[8] 等应用 GM 公司冲角测量理论的研究搭建了硬件技术平台，通过测量机车轴箱相对于转向架，以及转向架同车体的位移，间接测量出轮轨冲角，虽然实现了轮轨冲角的测量，但测量方案繁琐，还有待完善；韩国的 Koo Jeong Seo[9] 从轮轨间水平和垂直冲击力方面下手，建立了一种脱轨理论模型，并提出了一套预测和评价轮轨碰撞诱导脱轨的方法；马贺[10] 等通过建立具有不同冲角的车轮与钢轨接触模型，在横向力与牵引力矩作用下应用非线性有限元法进行弹塑性接触计算，分析不同工况下的等效应力及接触斑的变化规律，研究冲角对钢轨接触状况的影响；李国顺[11] 等利用运动图像识别原理，通过几个量的测量叠加，提出了间接测量轮轨冲角的原理，由于每个量在测量上都存在误差，冲角测量准确度会受到很大的影响。肖绯雄[12] 等研究了一种测量轮轨冲角的装置，通过将很小的冲角量进行放大，改变信噪比的方法来实现冲角测量，但传感器等装置安装困难，实施性不强。由于列车走行步复杂、运行高速并且测量环境复杂等，导致列车轮轨冲角测量难度大。此外，冲角量虽很小但都对对轮轨接触状况造成很大影响，找到一种简单有效、可实施性强的测量方法变得尤为重要。

　　本章提出了一种基于激光线检测的列车轮轨冲角检测方法，采用车载式摄像机与激光源相结合，使用摄像机对照在轨道面上的激光线图像进行采样并进一步处理，简单有效地实现了列车轮轨冲角的测量，对车辆轮轨间磨耗和蛇形失稳状态监测有很大的参考性。

5.1 检测方法原理

机车在运动时，由于踏面锥形产生蛇形运动及在通过曲线线路时，车轮和钢轨间产生横向作用力，以及轮轨间产生复杂的蠕滑力使高速运行的车轮产生冲角，冲角虽小，但它对轮轨接触损耗，车辆的行车安全影响严重[13]。肖绯雄等提出的冲角检测方案应用了在车体安装传感器的接触性测量方法进行测量，存在安装困难等问题；虽然李国顺等应用了图像识别的非接触性检测方法检测了轮轨冲角，但试验中测量了诸多变量，叠加后对冲角测量的误差加大。

本章提出方法的检测装置和原理图分别如图 5-1、图 5-2 所示，由于机车在产生蛇形运动或沿曲线轨道行驶时，转向架和轮对之间可看成刚体运动。将相机和激光源固定在转向架上，激光源垂直照在轨面上，在钢轨表面形成激光线与车轮共线的位置上，以此激光线代表机车行进中的角度变化。相机的触发功能通过一对对射式光电开关控制间歇采集钢轨和光斑图像，利用图像检测技术检测出激光线与钢轨边缘线的相对位置，求得两直线的夹角 β 即为轮轨冲角，冲角示意图如图 5-3(a) 和 (b) 所示。

图 5-1 系统检测装置

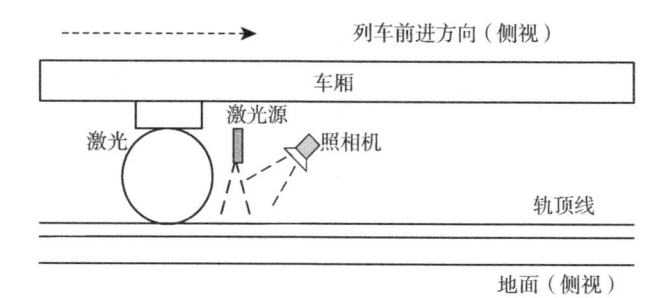

图 5-2 系统检测原理图

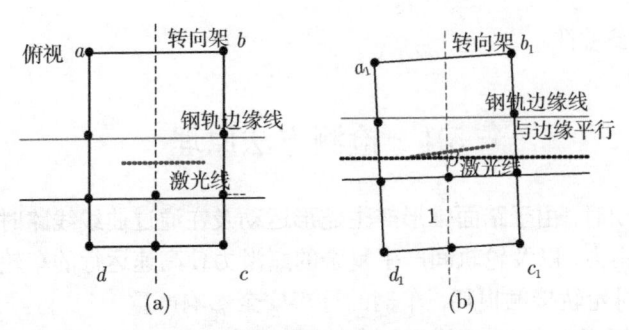

图 5-3　不同时刻冲角检测示意图

5.2　轨道边缘线的检测算法

5.2.1　图像获取及校正

由于激光器垂直照在轨面上，相机并非垂直拍摄，获取的轨面图像存在梯形畸变[14]，使得图像质量变差，给后续图像的特征检测带来了困难，需要对轨道图形进行梯形校正。在实现方式上，Radon 直线检测算法比 Hough 变换检测相比有更多优点[15]：包含更多的像素信息，对噪声不敏感，变换算法速度更快。所以本章利用水平边缘检测算子进行边缘检测，使用 Radon 算法进行直线提取，最后利用畸形校正矩阵对图像进行校正，流程图如图 5-4 所示，矫正前后对比，如图 5-5 所示。

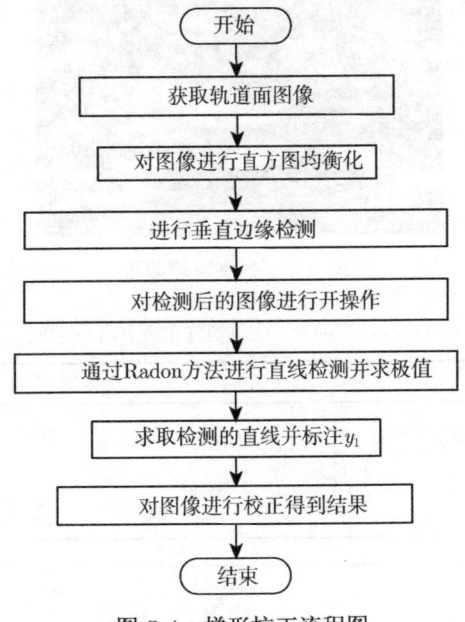

图 5-4　梯形校正流程图

5.2 轨道边缘线的检测算法

图 5-5　梯形校正前后对比图

由于两种情况下都存在轨道在外面且表面纹理锈化、轨枕也被风吹雨淋等自然因素，采用简单的方法，其处理结果大都难以满足要求。针对拍摄的轨道图像，采用如图 5-6 所示的检测方案，能够准确地检测出轨道，为后续的冲角的计算奠定基础。

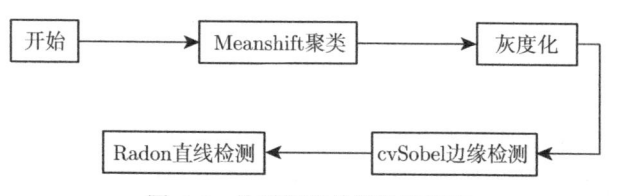

图 5-6　轨道图像检测的流程图

5.2.2 Meanshift 聚类平滑算法

本章中利用 Meanshift 图像聚类算法对图像进行平滑，该算法是指一个层层迭代的过程，就是先选择一点为起点，计算得出这点的偏移均值点，移动该点到其偏移均值点，然后以这个点为新的起始点，继续前面运算操作，直到结果满足一定的要求之后结束。其定义是，给定 d 维空间 R^d 的 n 个样本点 $x_i(i=1,\cdots,n)$，在 x 点的 Meanshift 向量的基本形式定义为

$$\boldsymbol{M}_h(x) = \frac{1}{k} \sum_{x_i \in S_k} (x_i - x) \tag{5-1}$$

其中，S_k 是一个半径为 h 高维球区域，满足以下关系的 y 点的集合：

$$S_h(x) = \{y : (y-x)^{\mathrm{T}}(y-x) \leqslant h^2\} \tag{5-2}$$

在公式 (5-1) 中，k 表示在这 n 个样本点 x_i 中，有 k 个点落入 S_k 区域中，$(x_i - x)$ 是样本点 x_i 相对于 x 的偏移向量，而 Meanshift 向量 $M_h(x)$ 就是对落入区域 S_k 中的 k 个样本点相对于点 x 的偏移向量求和然后再平均。Meanshift 聚类算法的原理如图 5-7 所示. 假如样本点 x_i 是从一个概率密度函数 $f(x)$ 中采样得到，由于非零的概率密度梯度指向概率密度增加最大方向，因此，S_k 区域内的样本点更多的落在沿着概率密度梯度方向，而 Meanshift 向量 $M_h(x)$ 也指向概率密度梯度方向即样本分布最多区域。

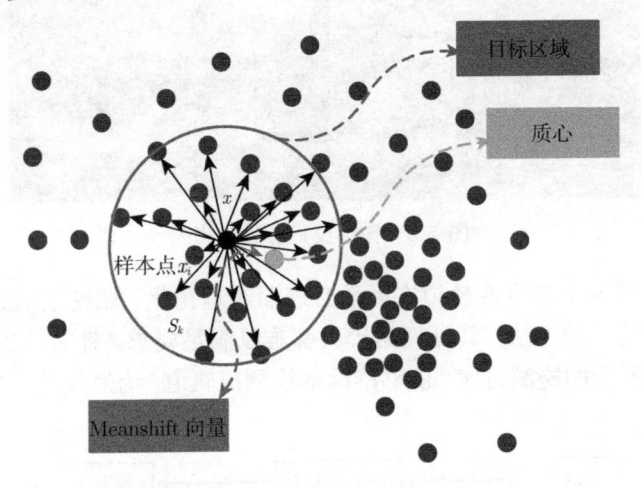

图 5-7 Meanshift 聚类算法原理图

轨道图片经 Meanshift 聚类算法平滑处理后如图 5-8 所示，从图中能看出，该算法能有效地分割出轨道图像，从而确定轨道区域，达到了检测轨道边缘的目的。

图 5-8 图像 Meanshift 平滑前后对比

5.2 轨道边缘线的检测算法

中心切片理论[16]保证了 Radon 检测可通过快速傅里叶变换来实现，但是由于笛卡儿到直角坐标的变换中，存在插值误差，这就直接导致了在变换中存在虚假峰值，使直线检测精度受到影响。改进的 Radon 变换的方法众多[17]，其中运用广义插值傅里叶变换来加快 Radon 变换以及通过改变最小插值的误差来调节 GIFT 参数以达到优化检测效果。在 GIFT 实现中，参数 L(傅里叶变换的层数) 和 $C(\alpha_1,\alpha_2)$(阶数) 的选择很重要。在 Radon 直线检测中选取不同的 GIFT 参数对轨道边缘的检测结果有很大影响，为了减小误差，使该检测方法更稳定，本章定量分析了 GIFT 参数的选取对冲角检测结果的影响。通过改变算法中不同的 GIFT 参数 L 和 C 的选取。综合时间花费和精确度，取 $L=2$，C 的两层 4 个参数遍历 0.5~1，间隔为 0.1，共有 $6^4=1296$ 种取值；当 $L=3$ 时，使 C 的前两层 4 个参数遍历 0.5~1，第三层为 (1,1)，共有 $6^6=46656$ 种取值。

将 L 层频率谱叠加在一起，利用最近邻插值法[18]，求出插值误差，该方法下的插值误差定义为

$$J \approx \sum_{i,j} d_{\mathrm{grid}}(\gamma_i,\theta_j) \tag{5-3}$$

其中，$d_{\mathrm{grid}}(\gamma_i,\theta_j)$ 是计算得出的频率谱中的每个实际点的插值误差，以此可修正 Radon 检测结果。图 5-9 给出了当 $L=3$ 时，参数 $C(\alpha_1,\alpha_2)$ 和误差的关系仿真图，从图中能看出在 1296 个取值中插值误差的分布情况，在 $L=3$ 时，能够根据误差有效地指导修正 Radon 检测算法，使结果更准确。

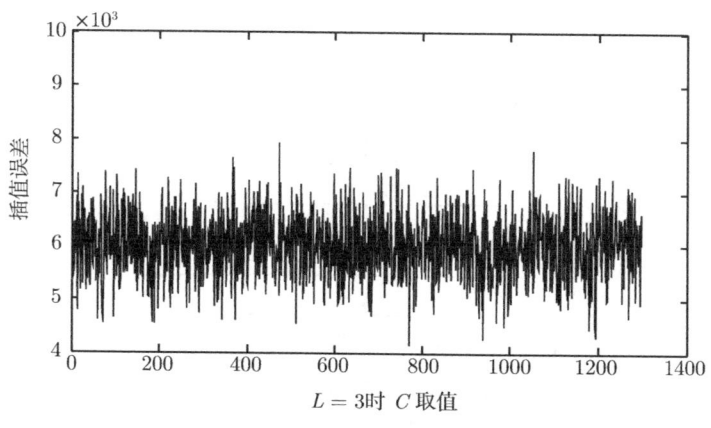

图 5-9 $C(\alpha_1,\alpha_2)$ 与误差分析图

一般地，层数越大，插值误差越小[18]，要从插值误差和时间消耗方面综合考虑。从笛卡儿坐标到极坐标的转换中，高频区域在极坐标中点数会变得稀疏，在检测中，高频区域包含更多有用信息，所以高频区域插值问题很关键，因此，将每一层的 $C(\alpha_1,\alpha_2)$ 范围限定在 (0.5,1) 本章首先选取 $L=3$，$C(0.8,0.8)$，$(1,0.8)$，$(0.8,1)$，

其检测结果如图 5-10(b) 所示。

(a) 原图　　　(b) Radon 检测　　　(c) Radon 检测结果图

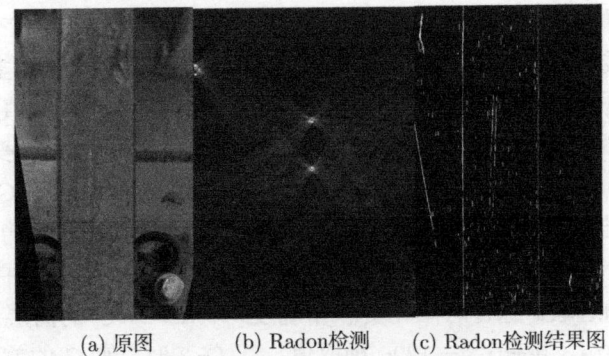

图 5-10　校正后轨道边缘检测结果

5.3　激光线的检测

为了准确得到图像上激光红线准确位置，本章对图像先进行了直方图均衡化处理，增大图像明暗对比度，然后用最大值 (R 为最大值因素) 灰度化预处理方法，很容易将激光线分离出来，且处理后噪声较小，检测流程图如图 5-11 所示，由于分离后图像中激光线的灰度值远大于周围灰度，所以对图像进行阈值分割，将分割后原本"臃肿"的直线像素简化为单像素，图 5-12 为激光线检测结果。

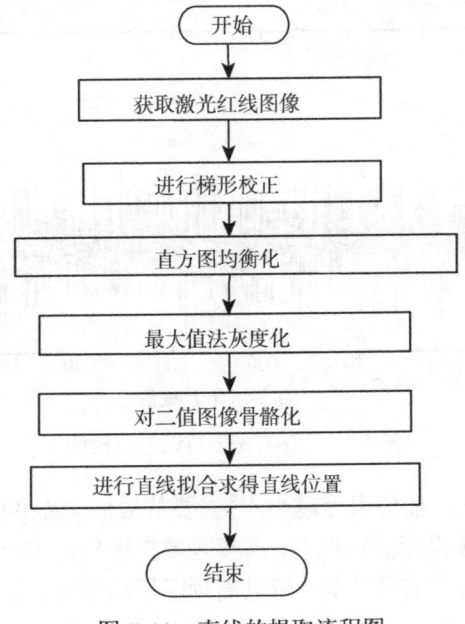

图 5-11　直线的提取流程图

5.4 轮轨冲角检测

(a) 灰度图像　　(b) 骨骼化后图像　　(c) 拟合后直线

图 5-12　激光线的提取结果图

直线在像素中的像素点是经抽样后四舍五入量化而形成的,由于量化误差,像素点的中心常常不在一条直线上,这就需要对直线进行拟合。常用的方法有两种:按直线斜率的绝对值与 1 的大小比较,分别取 y、x 方向的残差平方和使其最小;取离散点到拟合直线的距离平方之和使其最小,这两种方法本质上都是最小二乘法进行直线拟合。利用最小二乘法对二维点 (x_i, y_i), (x_{i+1}, y_{i+1}), $\cdots$, (x_{i+j}, y_{i+j}) 进行线性拟合,得到误差平方和的返回值就是对直线进行拟合后取最小误差 e,利用误差 e 对得到拟合直线进行修正。拟合结果如图 5-12(c) 所示。

5.4　轮轨冲角检测

5.4.1　轮轨冲角的模拟仿真

为了能够有效地分析冲角在机车运行中的变化历程,本章仿真了三轴径向转向架机 DF8B 内燃机车的轮轨变化历程,在径向机构未锁定的情况下,该型机车以 150 km/h 的速度通过半径为 300 m 的曲线时轮轨冲角变化时间历程如图 5-13 所

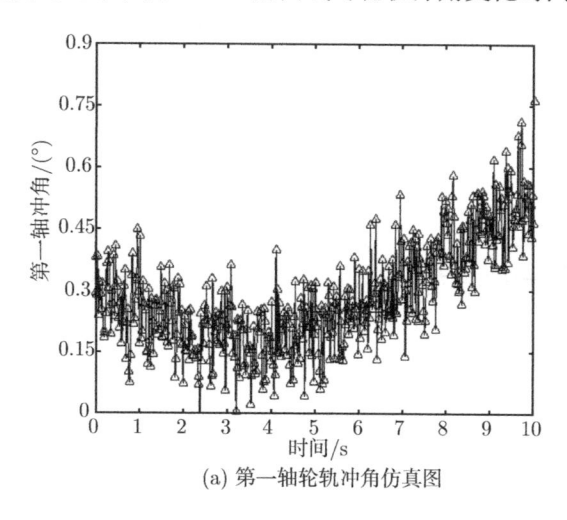

(a) 第一轴轮轨冲角仿真图

(b) 第三轴轮轨冲角仿真图

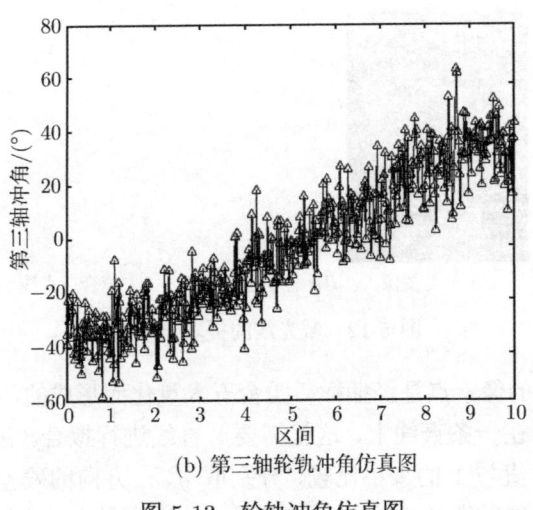

图 5-13 轮轨冲角仿真图

示。从仿真图中可得到冲角的范围稳定在 0.75° 以内，且第一轴轮轨冲角要超前于第三轴轮轨冲角。

此外，软件仿真测试还包括径向机构未锁定和锁定两种状态下的轮轨冲角对比情况，机车速度设置为变量，通过曲线半径为 250m，冲角变化情况如图 5-14 所示，在径向机构未锁定的状态下冲角要小于锁定状态下，且随速度的增大而增大，仿真结果为本章测量提供了理论依据。

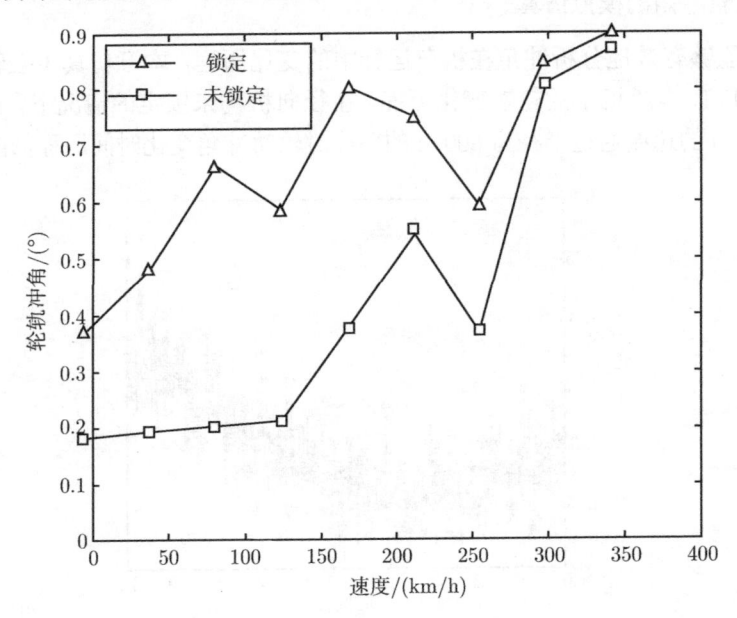

图 5-14 两种状态下的轮轨冲角对比

5.4.2 手动测量与系统测量对比

为了测试该方法对于测量轮轨间冲角测量的性能,本实验采取了随机采样的静态检测实验,通过由 CCD 工业相机 (JAI-5000C-PMCL, 像素分辨率为 2560×1280)、采集卡 (SOL2MEVCLF) 及处理软件、走行步试验台组成的检测系统对提出的方案进行实验验证,实验在光照理想条件下进行,图像采集界面如图 5-15 所示。

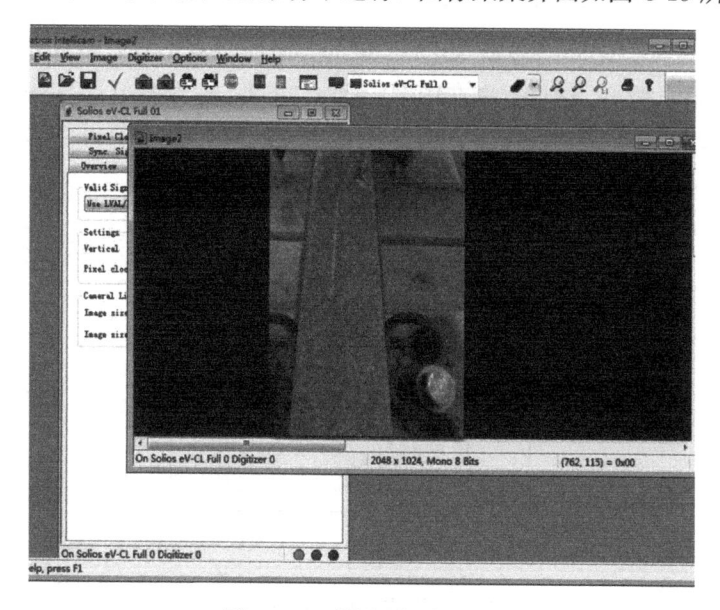

图 5-15 系统图像采集界面

对样本图像进行直线拟合确定了激光线的位置与参数 $1/k$,通过与轨道边缘位置对比,得出冲角 β,为了验证该方法的有效性,与手动测量数据进行对比,表 5-1 随机抽取了 8 帧图像进行检测分析,从数据中得出在冲角变化很小的情况下,激光直线斜率 $1/k$ 变化范围在 0.0062~0.0121,冲角变化在 0.355°~0.72°,其中最大误差为 0.091°,平均误差为 0.016°,此误差完全不影响工程应用。通过实验结果数据可得出,通过检测系统能够检测出车轮在运行中对轨道冲角的变化。

表 5-1 检测结果及误差分析

组数	1	2	3	4	5	6	7	8
斜率 $1/k$	0.0121	0.0092	0.0103	0.0084	0.0106	0.0073	0.0152	0.0062
像素坐标	165	156	264	182	167	187	159	153
冲角 $/\beta$	0.693	0.749	0.527	0.481	0.607	0.418	0.871	0.355
设定值	0.72	0.84	0.55	0.45	0.65	0.40	0.85	0.40
绝对误差	0.027	−0.091	−0.023	0.031	0.043	0.018	−0.021	−0.055
平均误差				−0.016				

5.4.3 测量精度分析

本例中所用相机像素分辨率为 2560×1280，通过调整相机的视角保证激光线的中心点坐标 (u_0, v_0) 在相机的中心区域 (u_i, v_i)，将相机图像分为 A, B, C, D 四个区域，如图 5-16 所示，将图像中心区域提取出来如图 5-17 所示。改变 (u_i, v_i) 值使区域范围增加，再范围内截取的直线段长度增加，再求取斜率 $\dfrac{\Delta u_i}{\Delta v_i} = \dfrac{1}{\tan\alpha}$，随着像素点 $\Delta u_i, \Delta v_i$ 以相同的增量变化，α 值的精确性提高。因为冲角变化很小导致 Δu_i 的像素值也很小，这里分别在图像中取 Δu_i=3,4,5，改变 Δv_i 在图像中的像素数，用系统进行 9 组实验，找出 $\Delta u_i, \Delta v_i$ 分别对应的实际位移，记录数据如表 5-2 所示。

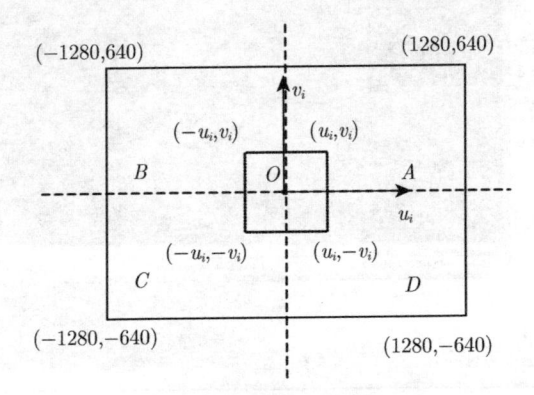

图 5-16 图像坐标平面区域选取

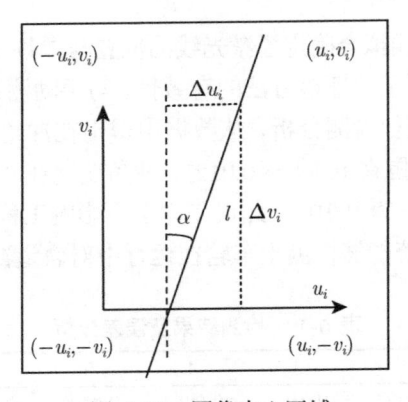

图 5-17 图像中心区域

由表中可以得出，实际距离误差值为 1~2 mm，而实际图像中一个像素代表的实际距离约为 2mm，因此该误差仅为亚像素级别，对角度的测量影响很小。系统完成一次的检测时间大约为 500ms，检测速度较快，在工程应用中能够满足检测需求。

表 5-2 9 组检测实验数据

组数	$(\Delta u_i, \Delta v_i)$	$1/\tan\alpha$	Δv_i 实际距离/mm
1	(3, 265)	0.0113	102.4
2	(3, 275)	0.0109	103.7
3	(3, 269)	0.0111	102.7
4	(4, 402)	0.0099	163.5
5	(4, 396)	0.0101	161.8
6	(4, 406)	0.0098	164.1
7	(5, 466)	0.0107	195.9
8	(5, 471)	0.0106	196.6
9	(5, 475)	0.0105	197.1

参 考 文 献

[1] 肖新标. 复杂环境状态下高速列车脱轨机理研究 [D]. 成都: 西南交通大学, 2013.
[2] 李呈祥. 高速列车运行横移及侧滚姿态主动控制研究 [D]. 北京: 北京交通大学, 2014.
[3] 程力. 基于轮轨表达式的轮轨接触坐标计算方法 [J]. 兰州工业学院学报, 2015, 22(2): 19-22.
[4] 陈建政. 轮轨作用力和接触点位置在线测量理论研究 [D]. 成都: 西南交通大学, 2008.
[5] 戴焕云, 等. 基于空间矢量映射的新型轮轨接触点算法 [J]. 机械工程学报, 2015, 51(10): 119-128.
[6] 钟浩. 基于改善轮轨接触状态的重载车轮型面优化 [D]. 成都: 西南交通大学, 2014.
[7] Oldrich Polach. Influence of wheel/rail contact geometry on the behavior of a railway vehicle at stability limit [C]. ENOC-2005, Eindhoven, Netherlands, 2005, 20: 2203-2210.
[8] 庞国斌, 等. 机车轮轨冲角测试系统研究 [J]. 内燃机车, 2005, 12(12): 16-19.
[9] Koo J S, Choi S Y. Theoretical development of a simplified wheelset model to evaluate collision-induced derailments of rolling stock[J]. Journal of Sound & Vibration, 2012, 331(13): 3172-3198.
[10] 马贺, 等. 冲角对低地板车辆轮轨接触状况的影响 [J]. 机械工程学报, 2015, 12: 112-116.
[11] 李国顺, 等. 基于图像识别的轮轨冲角测量系统研究 [J]. 中国铁道科学, 2005, 9: 82-85.
[12] 肖绯雄, 等. 轮轨冲角测量装置的研究 [J]. 内燃机车, 1997, 2: 45-48.
[13] 肖乾. 不同轮轨冲角下高速轮轨稳态滚动接触的蠕滑特性 [J]. 中国铁道科学, 2014, 1: 60-65.
[14] 张宇. 数字图像梯形畸变校正算法研究与视频实时校正应用 [D]. 合肥: 安徽大学, 2014.
[15] 郑丽颖, 等. 改进的广义插值傅里叶变换方法 [J]. 应用科技, 2015, 42(6): 55-59.

[16] Jr Easton R L, Barrett H H. Tomographic transformations in optical signal processing[M]. NEW YORK: Academic Press, 1987: 335-386.

[17] Shi D, Zheng L, Liu J. Advanced Hough transform using a multilayer fractional Fourier method [J]. IEEE Transactions on Image Processing, 2010, 19(6): 1558-1566.

[18] Pan W, Qin H K, Chen Y. An adaptable-multilayer Fourier transform approach for image registration[J]. IEEE Transactions on Pattern Analysis and Machine Intelligence, 2009, 31(3): 400-414.

第6章　基于双目视觉车轮姿态提取的轮轨位移检测

　　高速和重载铁路的飞速发展对机车运行安全提出了新的挑战。机车轮轨之间的相互作用引导机车前行，为了保障机车运行的安全性及稳定性[1,2]，有必要对轮轨的运动状态[3-5]进行监测。在列车行驶过程中，轮轨相互接触关系复杂多变，单纯安装传感器的接触式测量方法存在动态测量困难、零漂大和抗干扰能力差等缺点。日本的 Sato Yasuhiro[6] 设计了一种脱轨系数连续检测装置，该装置通过安装于转向架非旋转结构上的非接触式位移传感器来检测轮轨接触力，避免传感器接触引起的误差并获得脱轨系数的统计值；西班牙的 Monje Pedro[7] 设计了安装于机车转向架上光电二极管检测装置，用于在线检测车轮在轨道上滚动和滑动的状态，试图找到轮轨的变化关系；罗马尼亚的 Sebesan Ioan [8] 为了研究侧向位移、滚动等列车典型的蛇行运动，在考虑轨道踏面不规则因素的基础上，建立了一种描述蛇行运动的数学模型；Zheng Gong[9] 等用结构光和计算机视觉技术完成了对列车车轮直径的动态测量；魏云鹏 [10] 等根据有限元理论并结合 ANSYS 有限元软件分析列车在蛇形运动状态下轮轨接触区域的形状 "面积" 轮轨接触应力和 Mises 应力的特性，试图从应力角度对列车在蛇形运动状态下安全状态进行了评价，但应力测试并不能直观地反映轮轨接触状态。近年来，越来越多国内外学者对轮轨接触状态进行非接触测量，并取得了不错的效果。瑞士的 Oldrich Polach[11] 研究了轮轨接触几何状态在列车运行中稳定极限条件下对列车行为的影响，取得了不错的实验结果。肖杰灵等 [12] 把两个摄像机安装在钢轨两侧，然后利用图形拼接的方法获得轮轨接触曲线用以检测轮轨接触状态，但图形拼接技术会增大检测误差；杨淑芬等 [13] 建立了以 DSP 为核心的轮轨接触点硬件和软件检测系统以得到轮轨边缘的轮廓，最终实现轮轨接触点位置的在线连续测量，但由于摄像机安装位置存在测量不全面的问题。在双目视觉应用中，郭玉波等 [14] 通过仿真实验优化了正交双目视觉系统参数，使检测误差更小，这为双目视觉理论在工程应用中提供了新的思路。

　　为了克服现有方法中存在的由轮轨接触场景复杂及车轮遮挡严重而引起的测量不准确的缺点，本章在双目视觉思想基础上，通过正交的两个 CCD 相机对车轮两个端面中心的空间坐标信息进行恢复，既避免了非正交双目视觉中的立体匹配计算繁琐问题，又省去车轮 "面" 重建的复杂过程。首先，建立了正交双目视觉模型；其次，通过该模型对 CCD 相机采集的图像信息进行特征提取以完成检测；最后通过仿真实验验证了方法的有效性。

6.1 双目视觉系统模型

双目视觉系统模型参数决定了图像特征点与三维空间位置的映射关系,由于观测位置不同造成了立体图像之间的差异,本章用正交的双目视觉系统[15,16]建立两相机坐标系,由相机 A 坐标系通过平移和旋转得到相机 B 坐标系,由于两相机正交关系,这就大大简化了这一过程的实现。如图 6-1 所示,O_w-X_w,Y_w,Z_w 为世界坐标系,O_a-X_a,Y_a,Z_a 为相机 A 所在坐标系,O_b-$X_b Y_b Z_b$ 为相机 B 所在坐标系,o_1-$x_1 y_1$ 为相机 A 中图像坐标,o_1-x_1,y_1 为相机 B 中的图像坐标。两相机坐标系正交,点 P 在 o_1-$x_1 y_1$ 和 o_1-$x_1 y_1$ 平面上的点分别为 P_1,P_2。

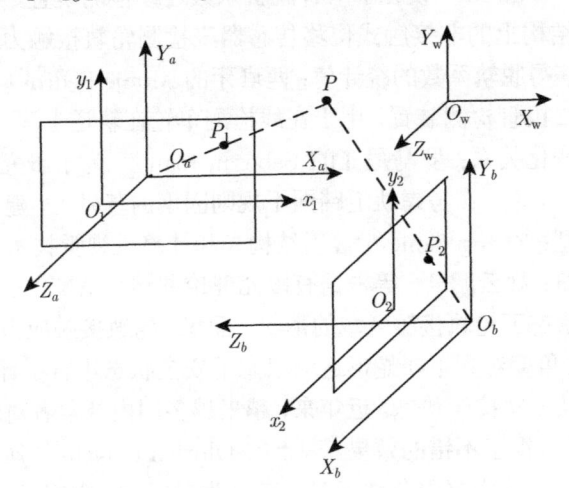

图 6-1 双目视觉模型图

6.1.1 三维特征点与图像坐标的映射关系

在摄像机针孔模型成像过程中,透镜成像系统必然存在镜头畸变,在精度允许范围内,此畸变可以忽略,将成像模型简化为针孔模型。空间中一点 P 在两相机图像中透视投影关系可以由如下关系式表示:

$$\begin{cases} x_a = f_a X_a / Z_a \\ y_a = f_a Y_a / Z_a \end{cases} \quad (6\text{-}1)$$

式中,f_a 为相机 A 的焦距,(X_a,Y_a,Z_a) 为相机 A 所在的相机坐标系,(x_a,y_a) 为理想小孔成像下 P 点的物理图像坐标,单位为 mm。在图像中用 (u,v) 表示点在图像坐标中坐标,在图 6-1 中建立 $o_1(x_1,y_1)$ 坐标系,设 (u_0,v_0) 为图像中相机光轴与图像平面的交点,s_x,s_y 为图像平面单位距离的像素数,那么

6.1 双目视觉系统模型

$$\begin{cases} u_a = s_{xa}x_a + u_{01} \\ v_a = s_{ya}x_a + v_{01} \end{cases} \tag{6-2}$$

$(f_a, s_x, s_y, u_0, v_0)$ 等都是相机的内参数,可以在相机标定的过程中获得[17,18],同理相机 B 的参数可得

$$\begin{cases} u_b = s_x x_b + u_{02} \\ v_b = s_y x_b + v_{02} \end{cases} \tag{6-3}$$

6.1.2 两正交相机坐标系的转换关系

从图 6-1 可以看出,相机 A 的坐标系和相机 B 的坐标系正交放置,及光轴 Y_a, Y_b 相互正交,那么相机 B 的坐标系 O_b-$X_bY_bZ_b$ 即可看成由 O_a-$X_aY_aZ_a$ 旋转 90° 而来,根据几何关系,O_b-$X_bY_bZ_b$ 坐标系下坐标点 (X_b, Y_b, Z_b) 和 O_a-$X_aY_aZ_a$ 坐标系下坐标点 (X_a, Y_a, Z_a) 存在着某种变换关系[15],具体可用下式表示:

$$\begin{bmatrix} X_a \\ Y_a \\ Z_a \end{bmatrix} = \boldsymbol{R}_{ab} \begin{bmatrix} X_b \\ Y_b \\ Z_b \end{bmatrix} + \boldsymbol{T}_{ab} \tag{6-4}$$

式中,$\boldsymbol{R}_{ab}$ 为旋转矩阵,$\boldsymbol{T}_{ab}$ 为平移矩阵,因为旋转 90° 即

$$\boldsymbol{R}_{ab} = \begin{bmatrix} 0 & 0 & -1 \\ 0 & 1 & 0 \\ 1 & 0 & 0 \end{bmatrix}; \quad \boldsymbol{T}_{ab} = \begin{bmatrix} T_{(a-b)x} \\ T_{(a-b)y} \\ T_{(a-b)z} \end{bmatrix}$$

其中,$T_{(a-b)i}$ 为两坐标轴间的平移距离。这样就得到相机坐标系 O_b-$X_bY_bZ_b$ 相对于 O_a-$X_aY_aZ_a$ 坐标系的转换关系[10]。通过公式 (6-2) 由 P 点在两相机图像坐标 $P_1(u_a, v_a)$, $P_2(u_b, v_b)$ 联立公式 (6-1), (6-3), (6-4) 得到在相机 A 坐标系 O_a-$X_aY_aZ_a$ 坐标系下坐标点 (X_a, Y_a, Z_a)。

$$\begin{bmatrix} X_a \\ Y_a \\ Z_a \end{bmatrix} = \begin{bmatrix} \dfrac{(u_a - u_{01})(s_{xb}f_bT_{(a-b)z} + (u_b - u_{02})T_{(a-b)x})}{s_{xa}f_as_{xb}f_b + (u_a - u_{01})(u_b - u_{02})} \\ \dfrac{(u_a - u_{01})s_{xa}f_a(s_{xb}f_bT_{(a-b)z} + (u_b - u_{02})T_{(a-b)x})}{s_{ya}f_a(s_{xa}f_as_{xb}f_b + (u_a - u_{01})(u_b - u_{02}))} \\ \dfrac{s_{xa}f_a(s_{xb}f_bT_{(a-b)z} + (u_b - u_{02})T_{(a-b)x})}{s_{xa}f_as_{xb}f_b + (u_a - u_{01})(u_b - u_{02})} \end{bmatrix} \tag{6-5}$$

那么由公式 (6-5) 即可直接得到 P 点在相机 B 的坐标系下 O_b-$X_bY_bZ_b$ 的坐标 (X_b, Y_b, Z_b)。相机坐标系到世界坐标系的关系可以表示如下:

$$\begin{cases} X_{ca} = \boldsymbol{R}_a X_w + \boldsymbol{T}_a \\ X_{cb} = \boldsymbol{R}_b X_w + \boldsymbol{T}_b \end{cases} \tag{6-6}$$

其中，X_{ca}, X_{cb} 分别为相机 A,B 的相机坐标，X_w 为世界坐标系，$(R_a, T_a), (R_b, T_b)$ 为两个相机的外参数，通过上式变换可得 $(R_a, T_a), (R_b, T_b)$ 与 $\boldsymbol{R}_{ab}$ 和 $\boldsymbol{T}_{ab}$ 之间的转换关系：

$$\boldsymbol{X}_{ca} = \boldsymbol{R}_a \boldsymbol{R}_b^{-1} \boldsymbol{X}_{cb} - \boldsymbol{R}_a \boldsymbol{R}_b^{-1} \boldsymbol{T}_b + \boldsymbol{T}_a \tag{6-7}$$

这样就能通过两相机的外参数标定直接得到两相机坐标之间的匹配关系。

6.2 轮轨位移检测模型

6.2.1 轮轨位移检测步骤

由于实验条件有限，使用具有二自由度的精密转台轮对模型、两个 CCD 工业相机 (JAI-5000C-PMCL，像素分辨率为 2560×1280)，采集卡 (SOL2MEVCLF) 及处理软件组成的检测系统对提出的方案进行实验验证，实验在光照理想条件下进行，系统检测装置图如图 6-2 所示。

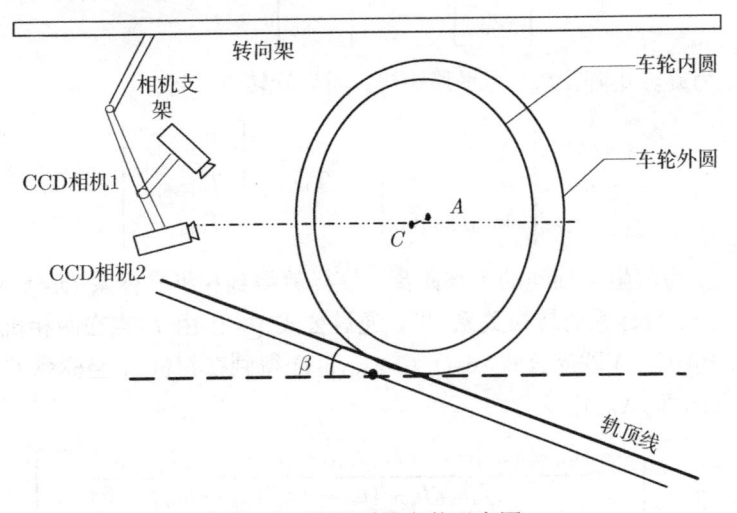

图 6-2 检测系统安装示意图

通过改变多自由度转台的角度 γ_1, γ_2 等以改变轮对的空间位置，从而模拟了列车蛇形运动中的横向摇头运动。利用正交的 CCD 相机模型对车轮图像进行获取，分析处理软件对获取的图像中车轮边缘信息进行处理，通过上节中正交相机双目视觉算法对车轮模型系统进行参数求取，进而得到机车车轮内圆圆心 A 和外圆圆心 B 的坐标位置，确定当前机车车轮中心轴线 L 的空间位置。为了得出车轮中心轴线的空间位移，将中心轴线与初始位置对比，利用轴线位移在空间中各个方向的位移得出列车轮轨的横移量、垂移量、摇头角位移，图 6-3 为系统检测流程图。

6.2 轮轨位移检测模型

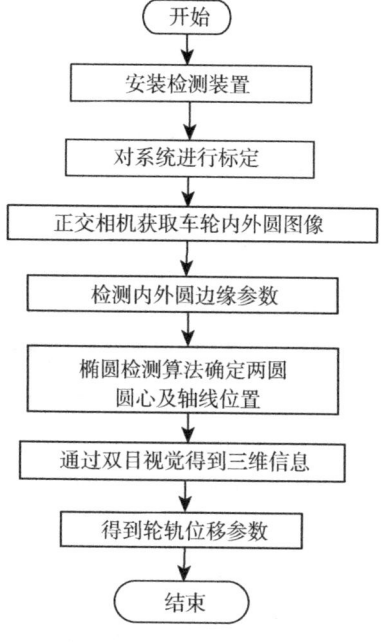

```
开始
  ↓
安装检测装置
  ↓
对系统进行标定
  ↓
正交相机获取车轮内外圆图像
  ↓
检测内外圆边缘参数
  ↓
椭圆检测算法确定两圆
圆心及轴线位置
  ↓
通过双目视觉得到三维信息
  ↓
得到轮轨位移参数
  ↓
结束
```

图 6-3　系统检测流程图

6.2.2　轮轨位移检测原理

空间任意线段 PQ 在双目视觉中的投影成像原理如图 6-4 所示，若将 PQ 看作车轮轴线所在的空间线段，在两个相机成像平面上投影为 P_1Q_1, P_2Q_2，由正交双目视觉模型获取 P, Q，求得 P, Q 的空间坐标。相对于传统的图像轮轨检测方法，本方法用两个相机记录每帧的图像，通过图像预处理、车轮边缘提取，得到图像中 P, Q 坐标，通过车轮轴线的空间坐标变化间接反映出轮轨的位移变化。

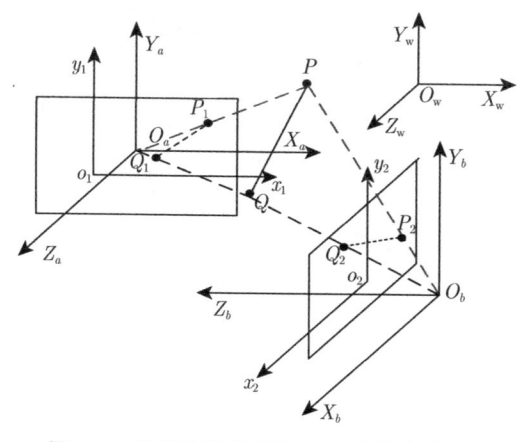

图 6-4　轴线空间位置与双目系统映射关系

轴线动态分解如图 6-5 所示，车轮轴线中心 O 在三个维度上的投影分别为 O', O'', O'''，其中 α, γ, θ 分别为轴线 AO 与三个坐标平面的夹角。当机车静止时设车轮状态位于初始态，车轮中心轴线位置用向量 M_1 表示，此时三个夹角为二面角且 $\alpha=45°, \gamma=45°, \theta=90°$。由于车轮运动是一个复杂无规律的变化过程，某一运行时刻，O 点的位置是不可预知的，此时中心轴线位置用向量 M_2 表示，通过平移向量 M_2 使与 M_1 处于同一起点，那么此时 α, γ, θ 变为空间角，此时轴线到投影面的正弦值即 $OO''=\sin\alpha$，就能表示产生的位移量，同理可得 OO'、OO'''，其中 OO'' 为轮轨产生的横移量，OO' 为垂移量，OO''' 为机车的摇头位移量。

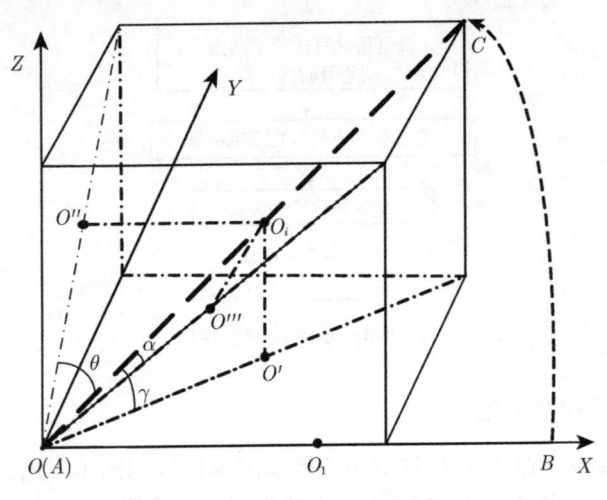

图 6-5 车轮轴线动态分解原理

6.3 相机系统的参数标定

摄像机标定参数分为内参数和外参数两种，内参数主要表征摄像机的焦距、特征比、畸变参数等，外参数则通过变换关系主要表征了摄像机坐标系 $O_i\text{-}X_iY_iZ_i$ 与世界坐标系 $O_w\text{-}X_wY_wZ_w$ 之间的相对位置关系，由旋转和平移得到。安装实验系统，将两个 CCD 相机安装在支架上，并且调整相机使其光轴正交，且使车轮模型处在公共视野中。首先中采用标定板对相机进行内参标定，随意选取两幅角点提取图，如图 6-6 所示。

标定得出 CCD 相机的内参矩阵为 $M_1 = \begin{bmatrix} 3.154 & 0 & 861.52 \\ 0 & 2.675 & 509.35 \\ 0 & 0 & 1 \end{bmatrix}$

6.3 相机系统的参数标定

在相机外参标定的过程中，使用最优化算法[19]，利用模型表达式：

$$\begin{cases} u = \dfrac{X_\mathrm{w}l_{00} + Y_\mathrm{w}l_{01} + Z_\mathrm{w}l_{02} + l_{03}}{X_\mathrm{w}l_{20} + Y_\mathrm{w}l_{21} + Z_\mathrm{w}l_{22} + l_{23}} \\ v = \dfrac{X_\mathrm{w}l_{10} + Y_\mathrm{w}l_{11} + Z_\mathrm{w}l_{12} + l_{13}}{X_\mathrm{w}l_{20} + Y_\mathrm{w}l_{21} + Z_\mathrm{w}l_{22} + l_{23}} \end{cases} \tag{6-8}$$

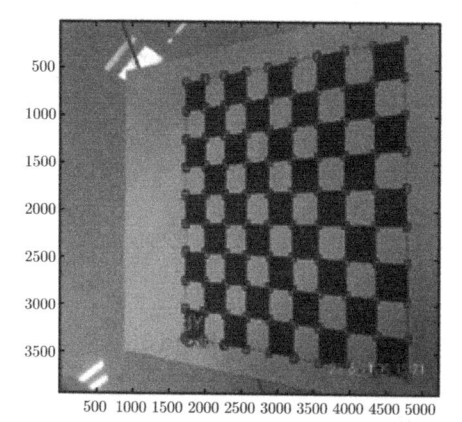

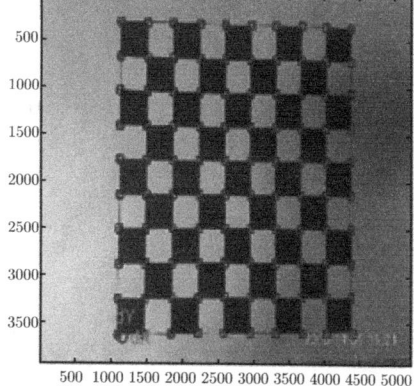

图 6-6　标定板标定相机的角点提取

在此式中，令 $l_{23} = 1$，那么只需在标定参照物上找到 N 个 ($N > 5$) 标定点坐标以及图像 (u, v) 坐标，即可得出相机参数，特征点选取如图 6-7 所示。

(a) 手动标定特征点　　　　(b) 图像特征点标定

图 6-7　CCD 相机外参标定

通过标定分别得出系统中的旋转矩阵 $\boldsymbol{R}$ 和平移矩阵 $\boldsymbol{T}$:

$$\boldsymbol{R}_a = \begin{bmatrix} -0.3714 & 0.5793 & 0.3875 \\ -0.6732 & -0.4738 & 0.2160 \\ -0.6822 & -0.0021 & 0.6419 \end{bmatrix}$$

$$\boldsymbol{T}_a = \begin{bmatrix} 45.1 \\ -192.3 \\ 435.7 \end{bmatrix}$$

$$\boldsymbol{R}_b = \begin{bmatrix} -0.5204 & 0.3591 & 0.1822 \\ -0.2032 & -0.3028 & 0.1027 \\ -0.3861 & -0.0039 & 0.7802 \end{bmatrix}$$

$$\boldsymbol{T}_b = \begin{bmatrix} 218.3 \\ 73.1 \\ -165.5 \end{bmatrix}$$

由公式 (6-8) 可得到两相机坐标转换关系矩阵:

$$\boldsymbol{R}_{ab} = \boldsymbol{R}_a \boldsymbol{R}_b^{-1}, \quad \boldsymbol{T}_{ab} = -\boldsymbol{R}_a \boldsymbol{R}_b^{-1} \boldsymbol{T}_b + \boldsymbol{T}_a \tag{6-9}$$

$$\boldsymbol{R}_{ab} = \begin{bmatrix} 0.7726 & -1.0026 & 0.4482 \\ 0.5362 & 2.2024 & -0.1383 \\ 0.5969 & 0.7072 & 0.5903 \end{bmatrix}$$

$$\boldsymbol{T}_{ab} = \begin{bmatrix} 66.2947 \\ 108.6456 \\ 519.9967 \end{bmatrix}$$

6.4 车轮边缘的图像检测

6.4.1 车轮的内外边缘检测

在进行图像匹配时要注意场景中一些因素的干扰，比如噪声干扰、景物几何形状畸变、轮轨物理特性以及摄像机特性等诸多变化因素等[20]。首先对采集到的图像进行阈值分割，滤去不必要的噪声成分，然后对图像进行形态学滤波处理，选择不同大小的方形结构元素对得到的二值图像进行腐蚀和膨胀处理，得到不同的形态学滤波效果，滤波结果如图 6-8 所示。

6.4 车轮边缘的图像检测

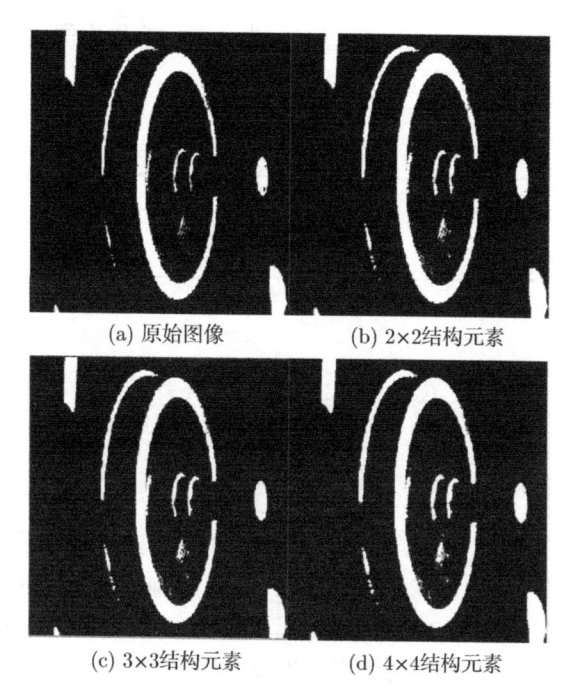

(a) 原始图像　　(b) 2×2结构元素

(c) 3×3结构元素　　(d) 4×4结构元素

图 6-8　不同结构元素效果图

6.4.2　基于改进型随机 Hough 变换的轮缘检测

由于相机拍摄角度的变换，本章中采集的图像中车轮边缘轮廓存在畸变而并非标准椭圆，且车轮图像边缘多处不连续，这就对边缘椭圆的提取带来了很大的困难。为了提高检测速率，本章运用改进型随机 Hough 变换 (Rondomized Hough Transform，RHT)[21]，此变换方法采用由多到一的映射关系，有效地缩短了计算量，椭圆检测更准确。以一幅图像为例，利用改进型 Hough 椭圆检测算法检测出图像中有效边缘信息以及内圆和外圆圆心 A,C 坐标位置，如图 6-9 所示，以图像左上

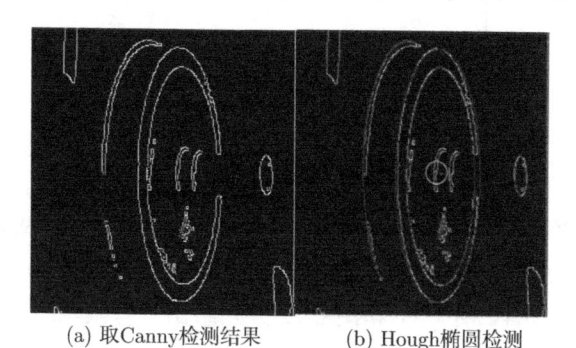

(a) 取Canny检测结果　　(b) Hough椭圆检测

图 6-9　椭圆 Hough 检测结果

角为坐标原点，水平方向为 x 轴，竖直方向为 y 轴，单位为像素 (pixel)，A,C 在两相机中的坐标位置如表 6-1 所示。

表 6-1 A 点与 C 点在两相机中的坐标

	相机 A 中	相机 B 中
A 点坐标	(877, 567)	(895, 513)
C 点坐标	(801, 572)	(887, 597)

6.5 实验结果分析

6.5.1 实验可行性分析

实验中通过改变转台在不同维度中角度变化来模拟车轮空间不规则运动，角度变化如图 6-10 所示。在三维坐标中沿 X 轴向 Y 轴方向旋转的角度为 φ_0，改变平面 O-XY 与 Z 轴夹角 φ_1 表征车轮模型的偏转侧滚运动。实际中转台平面的运动时横移量和垂移量的共同作用效果，各个位移量的变化与角度的变化并非线性关系。

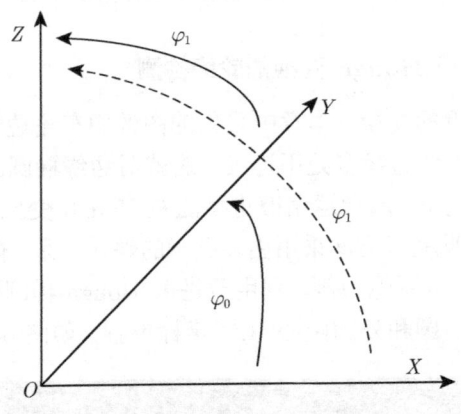

图 6-10 转台角度变化图

调整转台以改变车轮空间姿态，利用检测软件对车轮图像采集和特征提取，检测出边缘信息并得出车轮的内外圆的圆心 A, C 在图像位置坐标 (x_a, y_a), (x_b, y_b)。通过前面的三维坐标点坐标求取算法，利用正交双目视觉参数求出特征点的三维坐标点 (X_{w1}, Y_{w1}, Z_{w1}), (X_{w2}, Y_{w2}, Z_{w2})，就得出车轮位移的三维场景信息以及车轮中心轴线的空间位置。图 6-11 和图 6-12 分别给出了有限轴线重建仿真结果和端面中心点的坐标。

6.5 实验结果分析

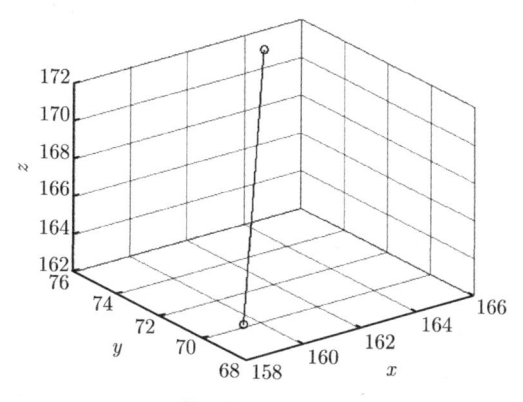

(a) 某一姿态轴线空间位置

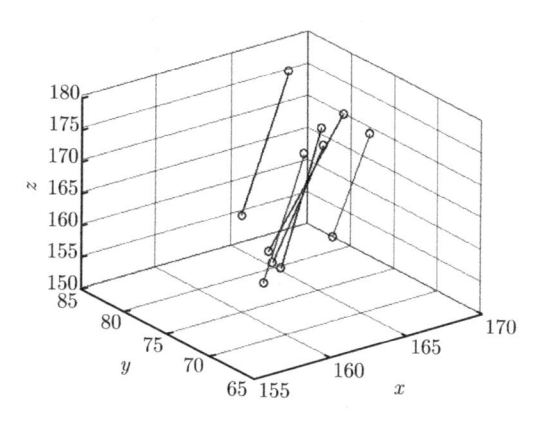

(b) 不同姿态下的空间位置图

图 6-11 轴线重建仿真结果图

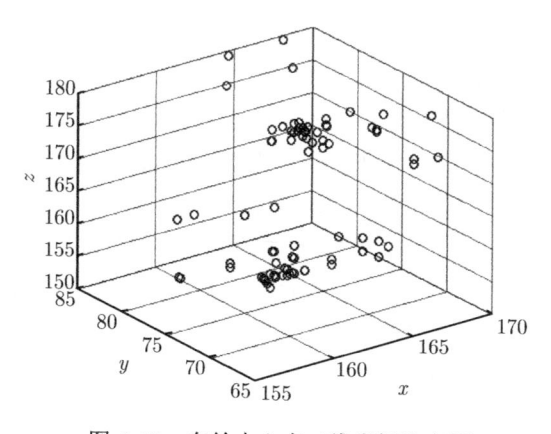

图 6-12 车轮中心点三维坐标仿真图

从仿真结果可以看出，从不同维度上改变转台位置，能够利用仿真系统成功重构出车轮中心轴线 AC 空间位置，其中红色为车轮外圆中心空间坐标，蓝色为内圆坐标，以此验证本章检测中心轴线位置方法的可行性。

6.5.2 位移检测结果分析

表 6-1 得到了车轮内外圆心 A,C 图像坐标位置，通过数据的仿真处理得到了中心轴线位置，由图 6-5 的车轮位移分解图得车轮中心轴线中点 O 的坐标，其中 Y 轴分量 OO' 为轮轨产生的横移量，Z 轴分量 OO'' 为垂移量，X 轴分量 OO''' 为摇头位移量。实验中两相机光轴正交 (角度误差 <0.2°)，改变转台，使车轮模型的空间位置发生变化，对得到的图像进行处理，利用本章方法得到车轮横移数据，为了减少误差，首先对车轮某一固定姿态进行多次拍照检测实验，将每组实验数据与实验数据对比，检测相关数据如表 6-2 所示，误差计算如公式 (6-10) 所示，其中检测量为 Δd，实际量为 Δs。

$$\begin{cases} \Delta n = \Delta d - \Delta s \\ r = \dfrac{|\Delta n|}{\Delta s} \times 100\% \end{cases} \quad (6\text{-}10)$$

表 6-2 某一姿态下轮轨横移量数据分析

组数	Y 坐标	检测横移/mm	实际横移/mm	误差值/mm	误差/%
1	270.94	2.62	2.50	0.12	4.8
2	271.01	2.69	2.75	−0.06	−2.18
3	271.27	2.95	3.00	−0.05	−1.67
4	271.60	3.28	3.25	0.03	1.54

综合表 6-2 的分析数据，得到了同一姿态下的横移的最大误差量为 ±0.12mm，此时误差在 4.8%，但随着横移量的变化，误差在减小，由此可见，系统误差在车轮位姿变化明显的情况下对实验影响并不大。

为了验证方法的位移检测效果，多次改变车轮姿态进行实验，通过从样本数据中分离各个方向的位移量，对比手动测量的真实位移与检测位移数据误差得出检测效果，图 6-13 给出了检测数据与真实数据的对比结果。

从图 6-13 中可以看出，随着车轮姿态的变化，各个位移量的变化幅度趋势不同，实际位移与检测位移在 3mm 的小位移变化时误差较大，随着变化量的增加，系统的综合误差下降，综合误差下降到 0.12，对误差结果影响可忽略不计，系统每完成一次的检测时间大约 500ms，检测速度较快，在工程应用中能够满足检测需求。

6.5　实验结果分析

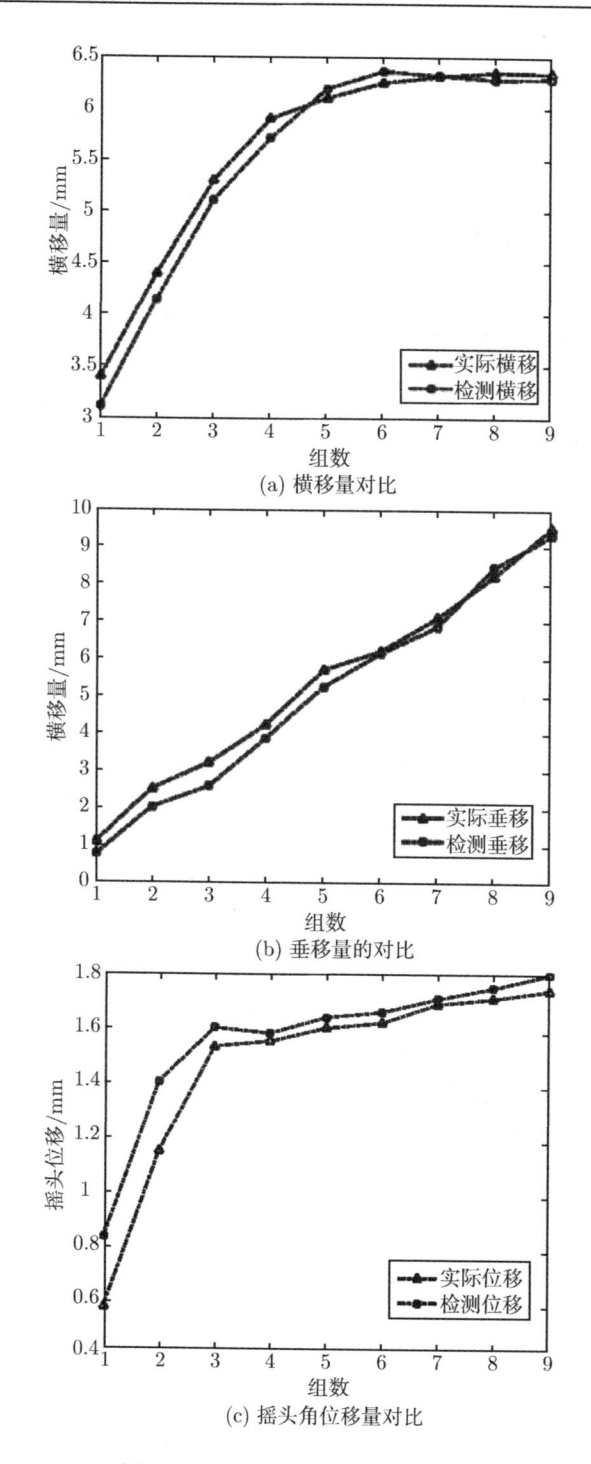

(a) 横移量对比

(b) 垂移量的对比

(c) 摇头角位移量对比

图 6-13　实验分析数据与真实数据

6.5.3 实验误差分析

实际上车轮的横移量和摇头方向上的位移存在非线性叠加,当车轮运动时,各方向位移存在着非均匀变化。系统误差方面,在计算两相机光轴夹角在 90° 和 90°± 0.2° 误差时,通过实验比较特征点 P, Q 在 A 相机坐标中的误差,表 6-3 给出了 10 组 P 点的坐标及对应的 A 相机坐标中的误差数据(X 轴方向)。

表 6-3 由正交相机引起的位值误差

组数	(u_a, v_a)	(u_b, v_b)	位置误差/mm
1	(877, 567)	(895, 513)	0.138
2	(876, 567)	(895, 514)	0.098
3	(877, 567)	(895, 513)	0.171
4	(877, 567)	(896, 511)	0.124
5	(878, 567)	(895, 513)	0.071
6	(877, 567)	(895, 512)	0.081
7	(877, 567)	(895, 513)	0.138
8	(877, 567)	(895, 512)	0.125
9	(878, 566)	(895, 513)	0.092
10	(875, 567)	(895, 512)	0.112

由表中数据得出由于相机正交引起的误差最大为 0.138mm,而在相机 A 坐标中每个像素代表大约 0.23mm,因此此误差为亚像素级别,可忽略。此外手动测量存在测量误差,在转台变化幅度比较小时误差比较大,此时系统测量约为 0.2~0.3mm,随着变化幅度增加,误差减小到 0.1mm,能够满足应用。

参 考 文 献

[1] 肖新标. 复杂环境状态下高速列车脱轨机理研究 [D]. 成都: 西南交通大学, 2013.

[2] 李呈祥. 高速列车运行横移及侧滚姿态主动控制研究 [D]. 北京: 北京交通大学, 2014.

[3] 程力. 基于轮轨表达式的轮轨接触坐标计算方法 [J]. 兰州工业学院报, 2015, 22(2): 19-22.

[4] 干锋, 戴焕云. 基于空间矢量映射的新型轮轨接触点算法 [J]. 机械工程学报, 2015, 51(10): 119-128.

[5] 钟浩. 基于改善轮轨接触状态的重载车轮型面优化 [D]. 成都: 西南交通大学, 2014.

[6] Sato Y, Kurihara J, Mizuno M, Tanimoto M. Development of continuous measurement method for rail-wheel contact forces by in-service trains [J]. Japanese Railway Engineering, 2012, 4, 5-8.

[7] Pedro M, Gerardo A, Borja M, Luciano C. Using bogie-mounted sensors to measure wheel rolling and sliding on railway tracks [C]. Proceedings of the Institution of Mechanical Engineers, Part F: Journal of Rail and Rapid Transit, 2012, 226(4): 371-380.

[8] Ioan S, Dan B. Mathematical model for the study of the lateral oscillations of the railway

参考文献

vehicle [J]. UPB Scientific Bulletin, SeriesD: Mechanical Engineering, 2012, 74(2): 51-56.

[9] Zheng G. Dynamic measurement for the diameter of a trainwheel based on structured-light vision [J]. Sensors, 2016, 16(564): 1-19.

[10] 魏云鹏, 吴亚平, 等. 列车蛇形运动状态下轮轨接触特性分析 [J]. 铁道标准设计, 2015, 59(3): 37-40.

[11] Polach O. Influence of wheel/rail contact geometry on the behavior of a railway vehicle at stability limit [C]. ENOC-2005, Eindhoven, Netherlands, 2013, 20: 2203-2210.

[12] 肖杰灵, 刘学毅. 轮轨接触几何状态检测装置 [J]. 中国铁道科学, 2008, 29(4): 141-144.

[13] 杨淑芬. 轮轨接触点位置图像检测方法研究 [D]. 成都: 西南交通大学, 2009.

[14] 郭玉波, 姚郁. 双目视觉测量系统结构参数优化问题研究 [J]. 红外与激光工程, 2006, 35(zl): 506-510.

[15] 任秉银, 等. 正交双目视觉长轴类零件装配端位姿检测方法 [J]. 哈尔滨工业大学学报, 2017, 49: 60-65.

[16] Li YF, Gao CH. Study of vision-based space target capturing strategy for mainpulators [J]. Sci Sin Tech, 2015, 45(1): 31-35.

[17] 邱茂林, 马颂德, 李毅. 计算机视觉中摄像机定标综述 [J]. 自动化学报, 2000, 26(1): 43-45.

[18] 马颂德, 张正友. 计算机视觉——计算理论与算法基础 [M]. 北京: 科学出版社, 1998.

[19] 邾继贵, 于之靖. 视觉测量原理与方法 [M]. 北京: 机械工业出版社, 2011.

[20] 范怡, 傅继武. 基于中点提取的椭圆检测算法 [J]. 计算机应用, 2011, 31(10): 2705-2707.

[21] 李亚娣, 黄海波. 基于 Canny 算子和 Hough 变换的夜间车道线检测 [J]. 科学技术与工程, 2016, 31(16): 234-237.

第7章　基于 VI-Rail 软件的车辆动力学建模与仿真

7.1　VI-Rail 软件简介

VI-Rail 软件是一款铁道机车车辆专用的动力学仿真软件。在 2005 年之前为 MSC.ADAMS 中的一个铁道车辆模块[1,2]，其后，被 VI-GRADE 收购并发展成现在的 VI-Rail。

VI-Rail 软件可以实现模块化建模，然后在装配界面进行集成模型组装，可视化效果较好。仿真效果明显并支持交互式仿真。它是最近几年才发展起来的，现在逐渐被广大高校和科研工作者所采用。虽然它出现的时间不长，但是起到的作用很大，尤其在车辆动力学方面，主要用于列车方面的研究。

7.2　CRH2C 动车组拖车模型的建立

建立动车组拖车模型的步骤：首先在 VI-Rail 专家界面中建立转向架模版[3]，再建立车体模版；然后在 VI-Rail 标准界面中建立前转向架子系统、后转向架子系统和车体子系统；最后完成整车组装。

通过以上步骤建出文中用到的动车组单车拖车模型。建立转向架模版的顺序为：

(1) 建立轮对；
(2) 建立构架；
(3) 建立轴箱；
(4) 建立一系悬挂；
(5) 建立二系悬挂；
(6) 建立垂向、横向和抗蛇行阻尼器；
(7) 建立止挡；
(8) 建立抗侧滚扭杆。

转向架模版所需的部分参数如表 7-1 和表 7-2 所示，车体模版的主要参数如表 7-3 所示。

7.2 CRH2C 动车组拖车模型的建立

表 7-1 转向架主要参数

构架参数	数值	轮对参数	数值
构架宽/mm	2000	轴距/mm	2500
侧架宽/mm	150	滚动圆半径/mm	430
侧架高/mm	200	滚动圆横向距离/mm	1493
质量/t	2.6	质量/t	1.97
侧滚转动惯量/(t·m^2)	2.106	侧滚转动惯量/(t·m^2)	0.623
点头转动惯量/(t·m^2)	1.424	点头转动惯量/(t·m^2)	0.078
摇头转动惯量/(t·m^2)	2.600	摇头转动惯量/(t·m^2)	0.623

表 7-2 悬挂系统参数表

悬挂参数（每轴箱）	数值	悬挂参数	数值
一系横向刚度/(MN/m)	0.98	二系横向刚度/(MN/m)	0.1784
一系纵向刚度/(MN/m)	0.98	二系纵向刚度/(MN/m)	0.1784
一系垂向刚度/(MN/m)	1.176	二系垂向刚度/(MN/m)	0.1931
一系垂向阻尼/(N·s/m)	19600	二系垂向阻尼系数/(N·s/m)	9800
轴箱转臂的横向刚度/(MN/m)	6.5	横向减振器的阻尼系数/(KN·s/m)	58.8
轴箱定位的垂向刚度/(MN/m)	3.267	抗蛇行减振器的阻尼系数/(KN·s/m)	13.2
轴箱定位的纵向刚度/(MN/m)	14.7	抗蛇行减振器的刚度/(KN·s/m)	8820

表 7-3 我国 CRH2C 动车组拖车车体的主要参数

参数	数值
车体长/mm	25000
车体宽/mm	3380
车体高/mm	3000
质量/t	33.2
侧滚转动惯量/(t·m^2)	107.568
点头转动惯量/(t·m^2)	1626.8
摇头转动惯量/(t·m^2)	1402.7

这里建立的双轮对，其中每个轮对的质量特性和车轮特性文件一样，因此只考虑其中一半即可。

减振器的阻尼类型是通过对话框中"Damping Type"所决定，分为线性、非线性、线性和刚度、非线性和刚度 4 种类型。在进行线性设计时选择左下面"Modify property file in Curve Manager"图标，打开"Curve Manager"对话框，在菜单栏中选择"View"，点击"Table"，会出现如图 7-1 所示的曲线管理对话框，即可进行抗蛇行阻尼器阻尼特征参数的设置。

因为减振器的阻尼特性曲线是以原点为中心对称的，故需要插入更多的行来进行从负值到 0 再到正值的编辑，得到如图 7-1 所示的数据形式，再按照之前的操作，选择"View"，点击"plot"即可得到如图 7-2 所示的曲线图。保存之后点击"Apply"即可完成设置。其他部件关于阻尼特征参数的设置方法也如此，故不一一赘述。

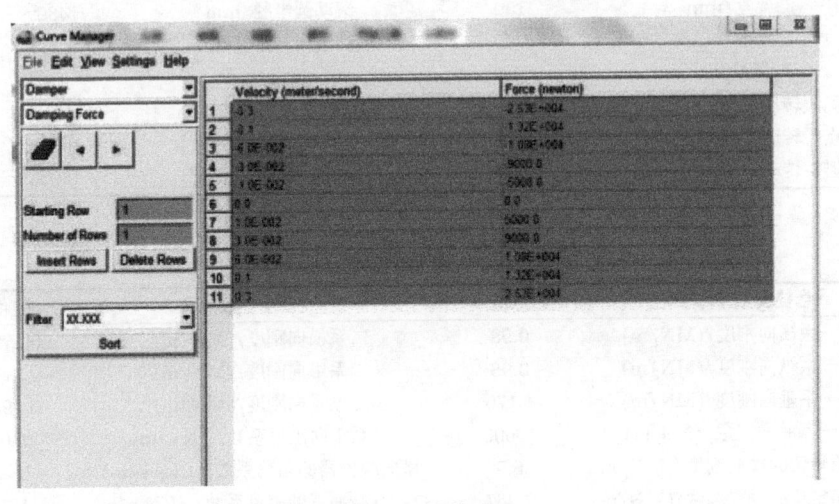

图 7-1 曲线管理器

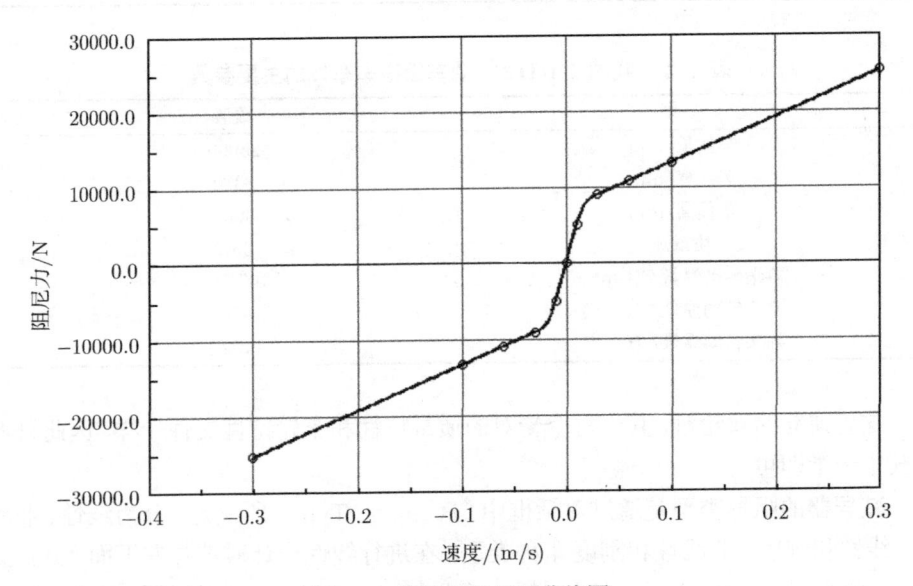

图 7-2 抗蛇行阻尼器曲线图

在 VI-Rail 中建立模型，首先从硬点建起，再建立构架框架，然后建立零件，最后将零件连接起来生成模型。在建立模型的过程中，一定要仔细认真对待，否则建出的模型不完善，还影响后面的仿真情况。比如一个点的坐标情况，要根据参数去

7.2 CRH2C 动车组拖车模型的建立

求解，如果坐标不对，这一点就可能影响全局，在后面的仿真中，仿真误差会加大会导致结果不正确[4]。

图 7-3~图 7-8 是建立转向架模型的过程中得到的结果。

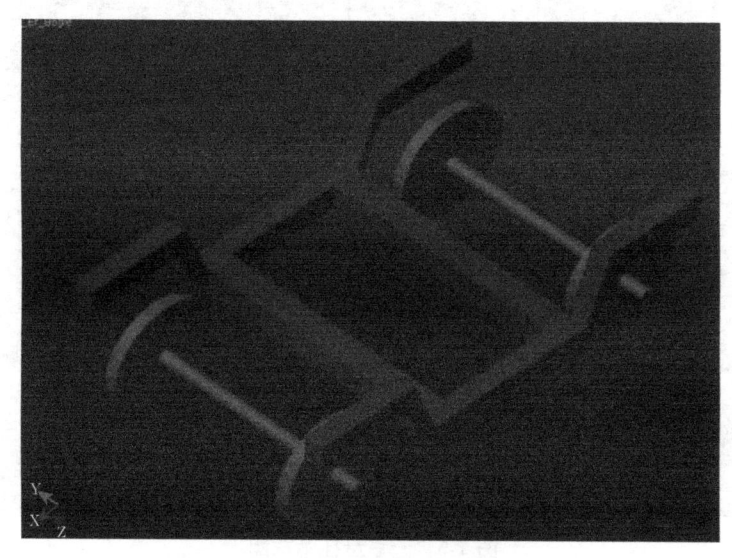

图 7-3 轮对和构架示意图

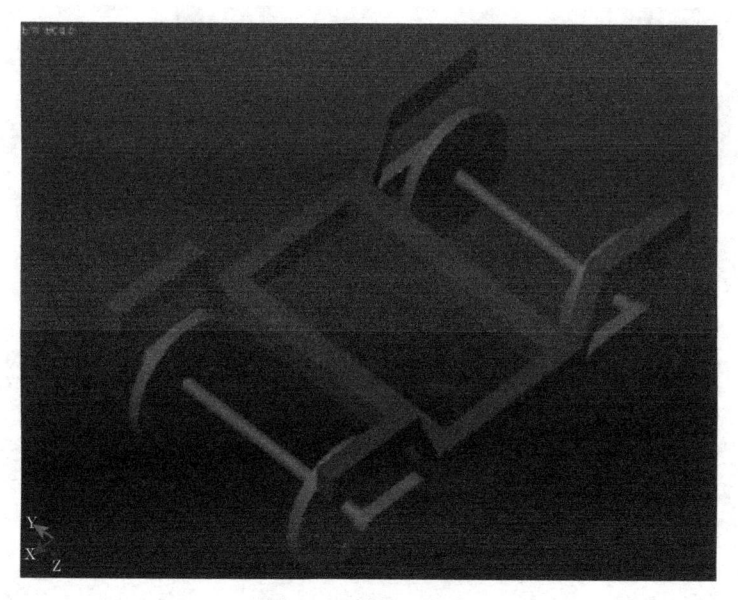

图 7-4 轴箱示意图

图 7-5 一系悬挂示意图

图 7-6 二系悬挂示意图

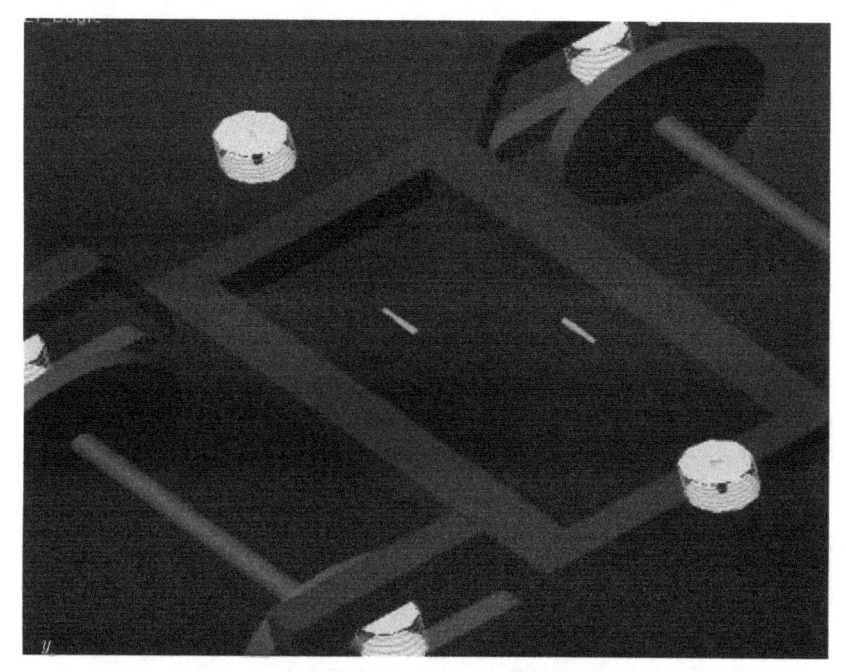

7.2 CRH2C 动车组拖车模型的建立 · 89 ·

图 7-7 垂向、横向和抗蛇行减振器示意图

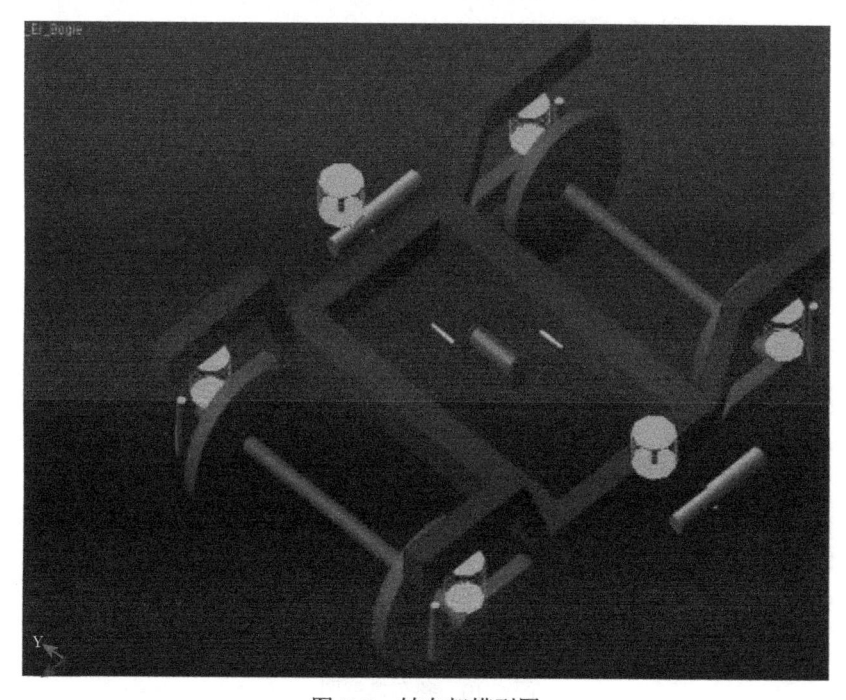

图 7-8 转向架模型图

第 7 章　基于 VI-Rail 软件的车辆动力学建模与仿真

图 7-9 为建立的车体模型图。

图 7-9　车体模型图

图 7-10 为建立的整车模型图。

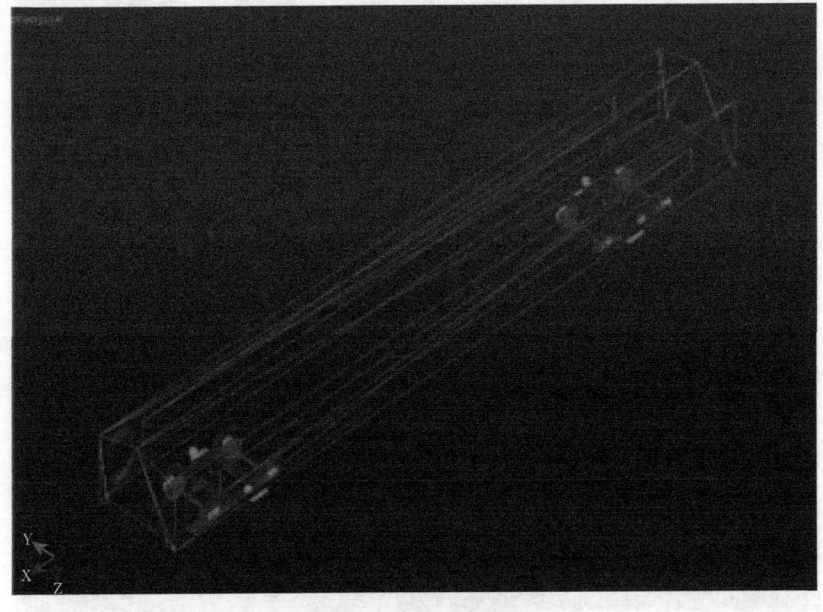

图 7-10　整车模型图

7.3 轨道模型的建立

文中轨道使用 T60 型标准钢轨 [5]，轨道模型如图 7-11 所示。

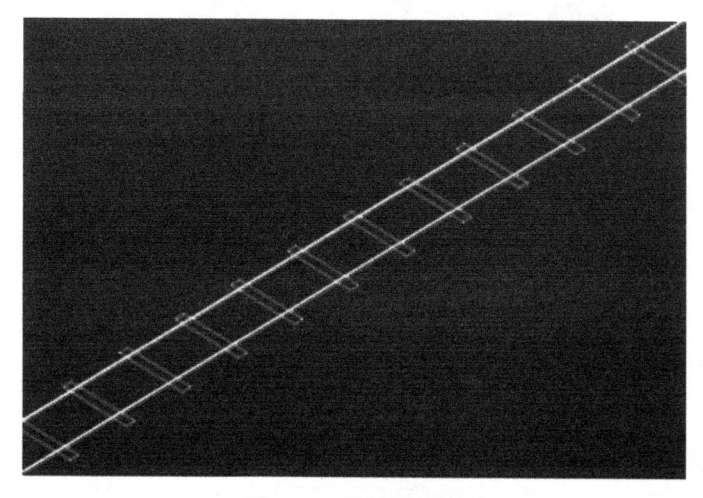

图 7-11 轨道模型图

7.4 轮/轨接触模型的建立

VI-Rail 多体动力学仿真软件总共有 4 种轮轨接触模型，分别为通用非线性轮轨接触单元、线性轮轨接触模型、非线性轮轨接触模型和预算表格接触模型 [6]。

本章使用的是预算表格接触模型，在轮轨接触时，它用已经计算好的联系表进行有关参数量的模拟和运算。其优点是计算工作量较低，却可以很好地描述现实中轮轨接触的非线性几何关系性能，能够运用在所有的仿真条件中。

7.5 模型的验证

7.5.1 预载分析

在作仿真之前，要先进行预载分析，这样再作仿真结果会更精确。预载分析结果如图 7-12 所示。

从图中可以看出，车体左右两边的预载力和转矩是大小相同的，左右预载力呈现对称性，由此可见，建立的模型是正确的。

```
$---------------------------------------------------------BUSHING
[BUSHING]
N_BUSHINGS = 8
BUSHING_TPRELOAD = 'off'
BUSHING_1 = '.shengche.front_bogie.bgl_front_trail_bush'
T_PRELOAD_X_1 = 0.0
T_PRELOAD_Y_1 = -104.5
T_PRELOAD_Z_1 = 0.0
BUSHING_2 = '.shengche.front_bogie.bgr_front_trail_bush'
T_PRELOAD_X_2 = 0.0
T_PRELOAD_Y_2 = 104.5
T_PRELOAD_Z_2 = 0.0
BUSHING_3 = '.shengche.front_bogie.bgl_rear_trail_bush'
T_PRELOAD_X_3 = 0.0
T_PRELOAD_Y_3 = 104.5
T_PRELOAD_Z_3 = 0.0
BUSHING_4 = '.shengche.front_bogie.bgr_rear_trail_bush'
T_PRELOAD_X_4 = 0.0
T_PRELOAD_Y_4 = -104.5
T_PRELOAD_Z_4 = 0.0
BUSHING_5 = '.shengche.rear_bogie.bgl_front_trail_bush'
T_PRELOAD_X_5 = 0.0
T_PRELOAD_Y_5 = -104.5
T_PRELOAD_Z_5 = 0.0
BUSHING_6 = '.shengche.rear_bogie.bgr_front_trail_bush'
T_PRELOAD_X_6 = 0.0
T_PRELOAD_Y_6 = 104.5
T_PRELOAD_Z_6 = 0.0
BUSHING_7 = '.shengche.rear_bogie.bgl_rear_trail_bush'
T_PRELOAD_X_7 = 0.0
T_PRELOAD_Y_7 = 104.5
T_PRELOAD_Z_7 = 0.0
BUSHING_8 = '.shengche.rear_bogie.bgr_rear_trail_bush'
T_PRELOAD_X_8 = 0.0
T_PRELOAD_Y_8 = -104.5
T_PRELOAD_Z_8 = 0.0
```

图 7-12　预载分析结果数据图

7.5.2　线性分析

做完预载分析后，就要进行进行线性分析，通过线性分析可以得到系统的固有频率、阻尼比和特征值，通过这些值可以判断系统处于哪种阻尼状态。图 7-13 是经过线性分析得到的模态图。

5	1.904282E+000	1.000000E+000	-1.904282E+000		0.000000E+000
6	2.273189E+000	1.000000E+000	-2.273189E+000		0.000000E+000
7	2.491264E+000	1.000000E+000	-2.491264E+000		0.000000E+000
8	2.690457E+000	1.000000E+000	-2.690457E+000		0.000000E+000
9	3.143705E+000	1.000000E+000	-3.143705E+000		0.000000E+000
10	4.705466E+000	1.000000E+000	-4.705466E+000		0.000000E+000
11	4.924625E+000	1.000000E+000	-4.924625E+000		0.000000E+000
12	1.800078E+001	1.000000E+000	-1.800078E+001		0.000000E+000
13	1.800303E+001	1.000000E+000	-1.800303E+001		0.000000E+000
14	1.845498E+001	1.000000E+000	-1.845498E+001		0.000000E+000
15	1.845678E+001	1.000000E+000	-1.845678E+001		0.000000E+000
16	3.599986E+001	1.000000E+000	-3.599986E+001		0.000000E+000
17	3.695348E+001	1.000000E+000	-3.695348E+001		0.000000E+000
18	3.902324E+001	1.000000E+000	-3.902324E+001		0.000000E+000
19	3.902324E+001	1.000000E+000	-3.902324E+001		0.000000E+000
20	4.624887E+001	1.000000E+000	-4.624887E+001		0.000000E+000
21	4.624936E+001	1.000000E+000	-4.624936E+001		0.000000E+000
22	4.977620E-001	2.280605E-001	-1.135200E-001	+/-	4.846444E-001
23	1.161484E+000	3.786029E-001	-4.397413E-001	+/-	1.075023E+000
24	1.564872E+000	4.615404E-001	-7.176862E-001	+/-	1.379357E+000
25	1.889093E+000	2.882090E-001	-5.444536E-001	+/-	1.808934E+000
26	2.410137E+000	4.134880E-001	-9.965628E-001	+/-	2.194453E+000
27	5.106645E+000	2.143447E-001	-1.097625E+000	+/-	4.987185E+000
28	1.284677E+001	3.273389E-001	-4.205247E+000	+/-	1.213900E+001
29	1.305121E+001	3.115527E-001	-4.066140E+000	+/-	1.240164E+001
30	2.303098E+001	7.971003E-001	-1.835800E+001	+/-	1.390719E+001
31	2.323431E+001	7.914114E-001	-1.838790E+001	+/-	1.420276E+001
32	3.329431E+001	5.678121E-001	-1.890491E+001	+/-	2.740649E+001
33	3.329454E+001	5.678108E-001	-1.890499E+001	+/-	2.740671E+001
34	3.803208E+001	4.391482E-003	-1.670172E-001	+/-	3.803171E+001
35	3.808554E+001	4.549393E-003	-1.732661E-001	+/-	3.808515E+001
36	4.061466E+001	8.561513E-003	-3.477229E-001	+/-	4.061317E+001
37	4.061808E+001	8.574185E-003	-3.482667E-001	+/-	4.061656E+001
38	3.392265E+002	1.128293E-003	-3.827471E-001	+/-	3.392263E+002
39	3.392265E+002	1.128293E-003	-3.827471E-001	+/-	3.392263E+002
40	3.417612E+002	9.365646E-004	-3.200814E-001	+/-	3.417611E+002
41	3.417612E+002	9.365646E-004	-3.200814E-001	+/-	3.417611E+002
42	3.419116E+002	1.033919E-003	-3.535088E-001	+/-	3.419114E+002
43	3.419116E+002	1.033918E-003	-3.535084E-001	+/-	3.419114E+002
44	3.424336E+002	1.044147E-003	-3.575612E-001	+/-	3.424334E+002
45	3.424336E+002	1.044161E-003	-3.575623E-001	+/-	3.424334E+002

图 7-13　线性分析模态图

7.5.3 动力学仿真

用 VI-Rail 软件建好动车组拖车整车模型后还要进行动力学仿真,用仿真结果来验证模型的准确性[7]。首先了解一下仿真工况,仿真工况是进行仿真的限制条件,下面要对 40 m/s、50 m/s、60 m/s、70 m/s、80 m/s 和 90 m/s 六个速度来进行仿真分析。

仿真工况为

(1) 运行速度范围为 40~90 m/s。

(2) 曲线轨道:轨道长度设置为 4000 m,0~950 m 为直线段,950~1190 m 为过渡段,1190~2630 m 为曲线段,2630~2890 m 为过渡段,2890~4000 m 为直线段,曲线半径为 7037 m,曲线超高角度为 0.04°。

(3) 所用轨道谱为德国低干扰谱。

(4) 仿真时间设置为 20 s,仿真步数设置为 2000 步。

在此工况下分别对 40 m/s、50 m/s、60 m/s、70 m/s、80 m/s 和 90 m/s 这六个速度进行仿真,会得到很多参数曲线,这里用到脱轨系数曲线、轮重减载率曲线、轮轨垂向力曲线、轮轴横向力曲线、垂向加速度曲线和横向加速度曲线。图 7-14~图 7-19 分别为 40 m/s 速度时的脱轨系数、轮重减载率、轮轴横向力、轮轨垂向力、车体横向振动加速度和车体垂向振动加速度参数曲线图,其他速度下的参数曲线图不一一列举。

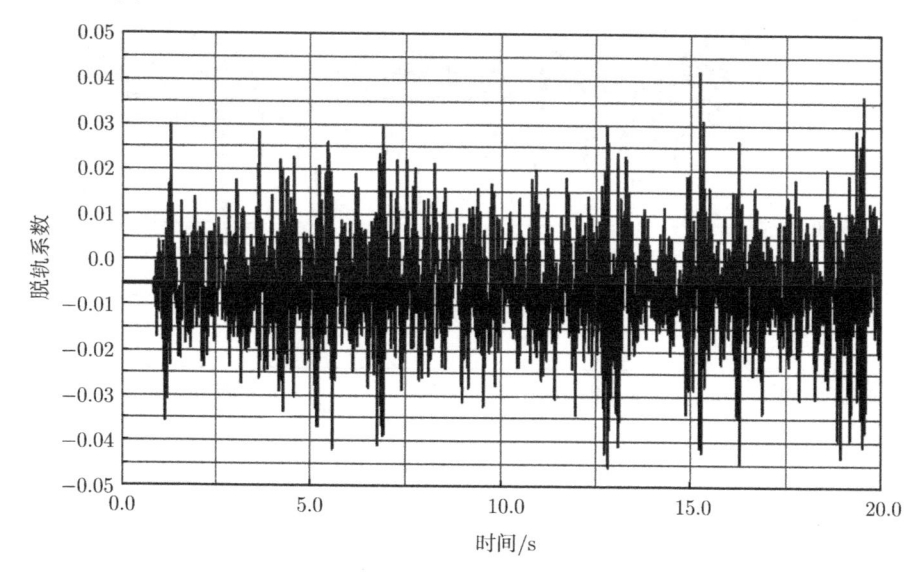

图 7-14 40 m/s 时的脱轨系数曲线图

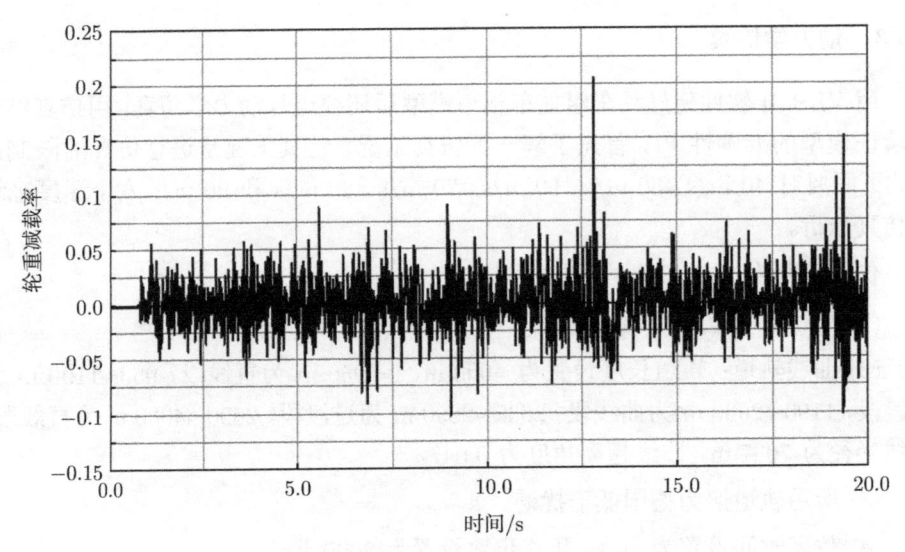

图 7-15　40 m/s 的轮重减载率曲线图

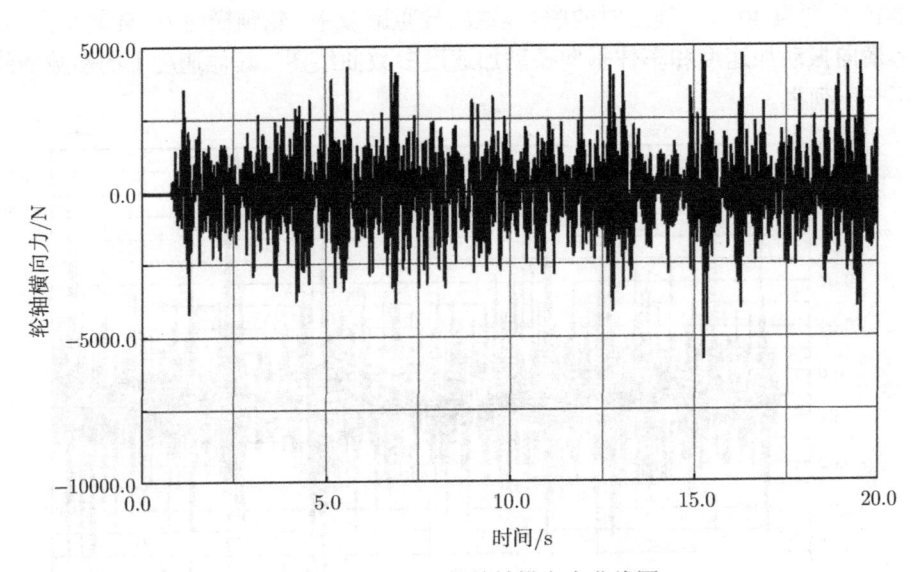

图 7-16　40 m/s 的轮轴横向力曲线图

7.5 模型的验证

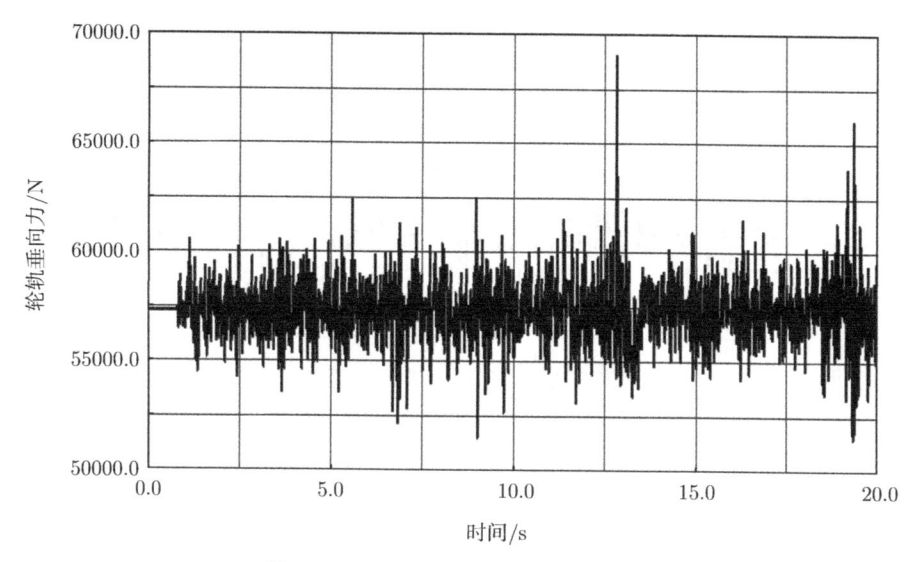

图 7-17 40 m/s 的轮轨垂向力曲线图

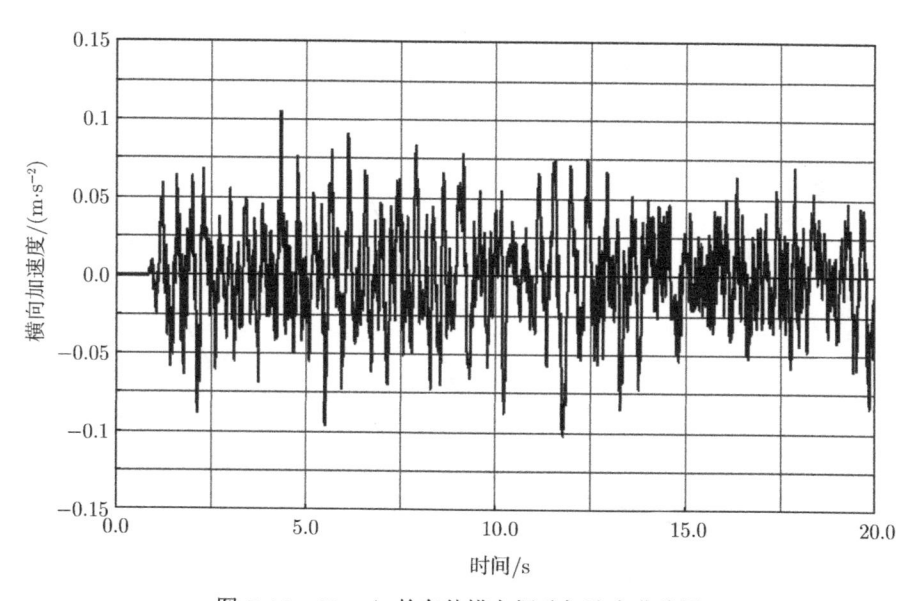

图 7-18 40 m/s 的车体横向振动加速度曲线图

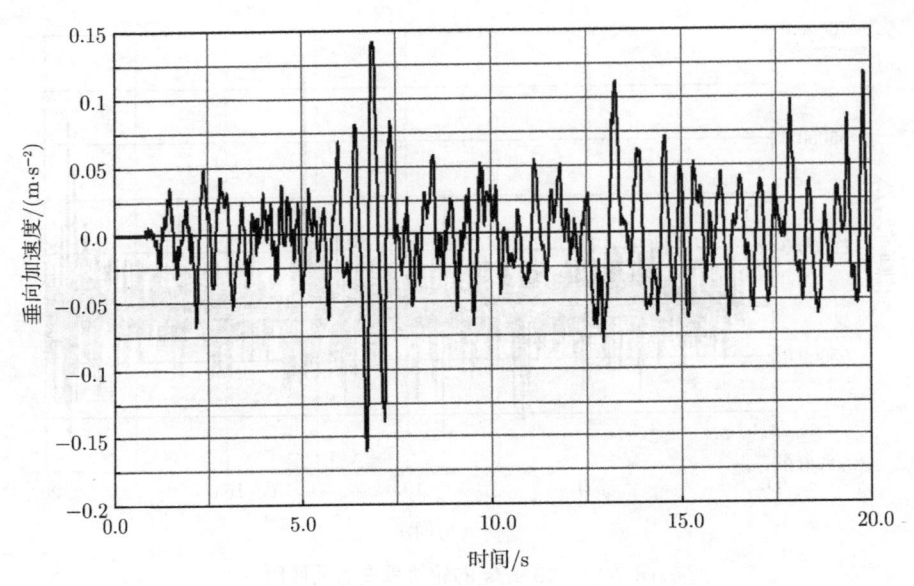

图 7-19　40 m/s 的车体垂向振动加速度曲线图

各指标随速度的变化曲线如图 7-20~图 7-25 所示。

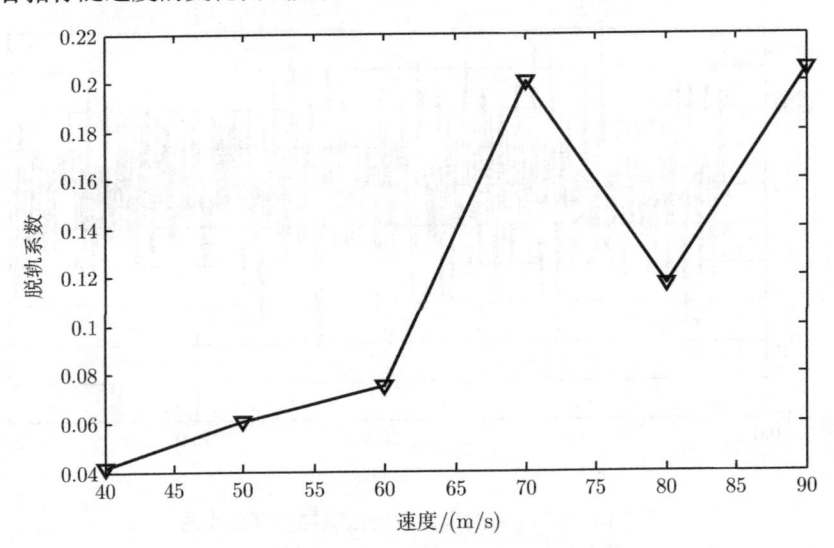

图 7-20　脱轨系数最大值随速度的变化曲线

7.5 模型的验证

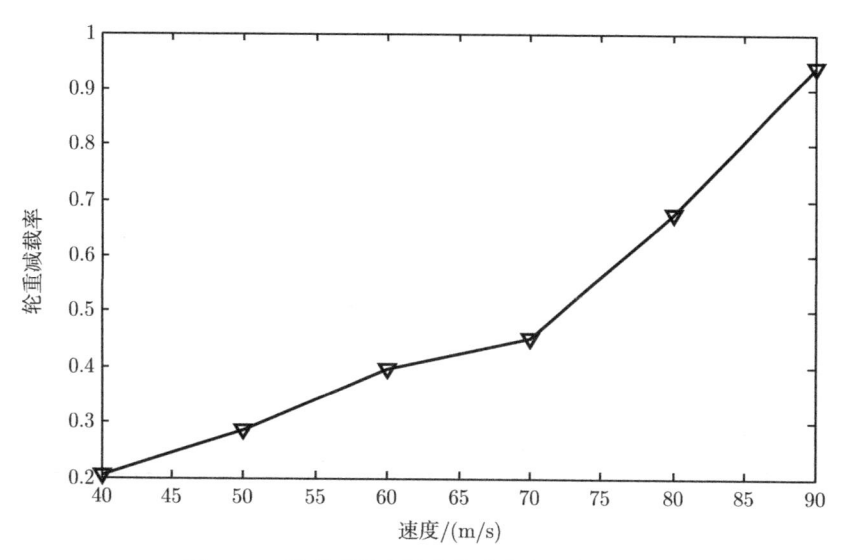

图 7-21 轮重减载率最大值随速度的变化曲线

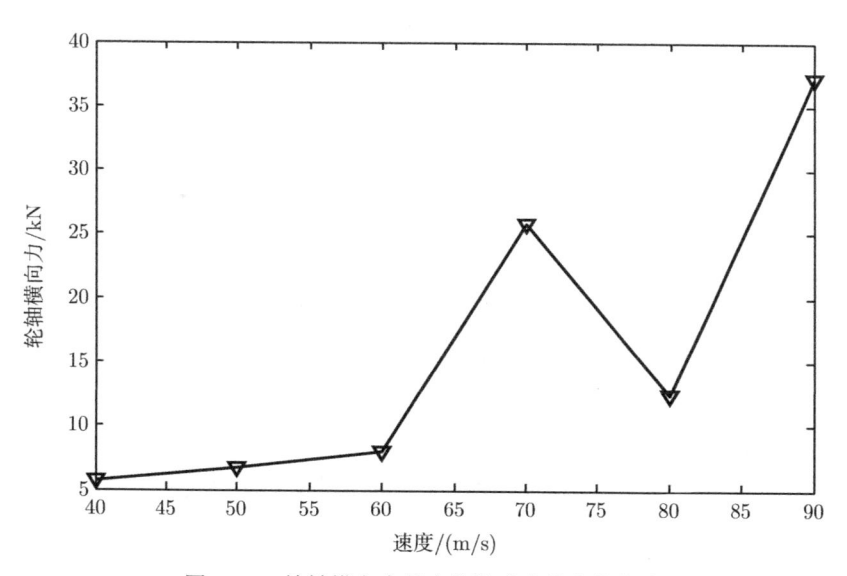

图 7-22 轮轴横向力最大值随速度的变化曲线

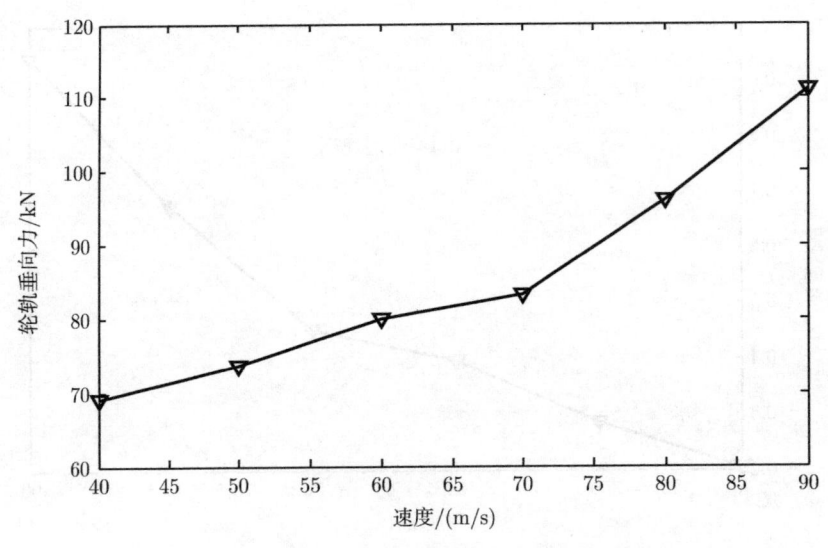

图 7-23 轮轨垂向力最大值随速度的变化曲线

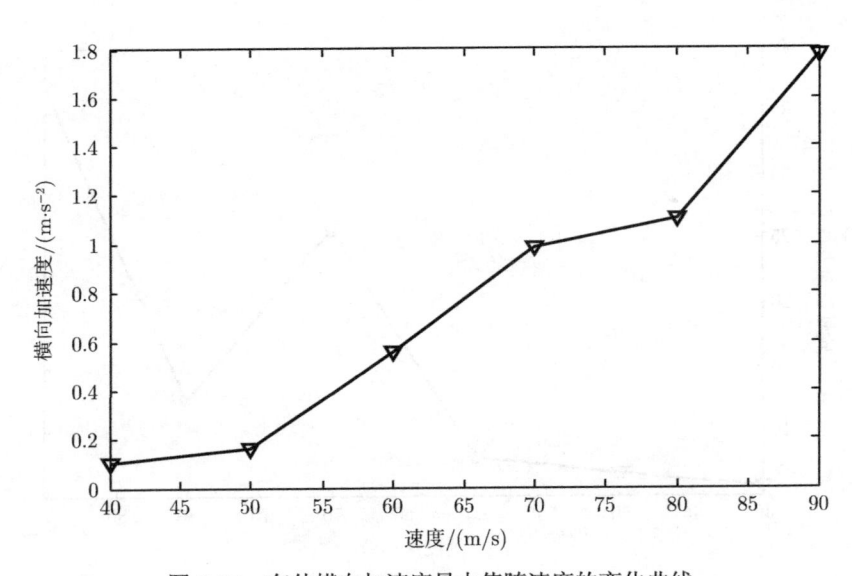

图 7-24 车体横向加速度最大值随速度的变化曲线

7.5 模型的验证

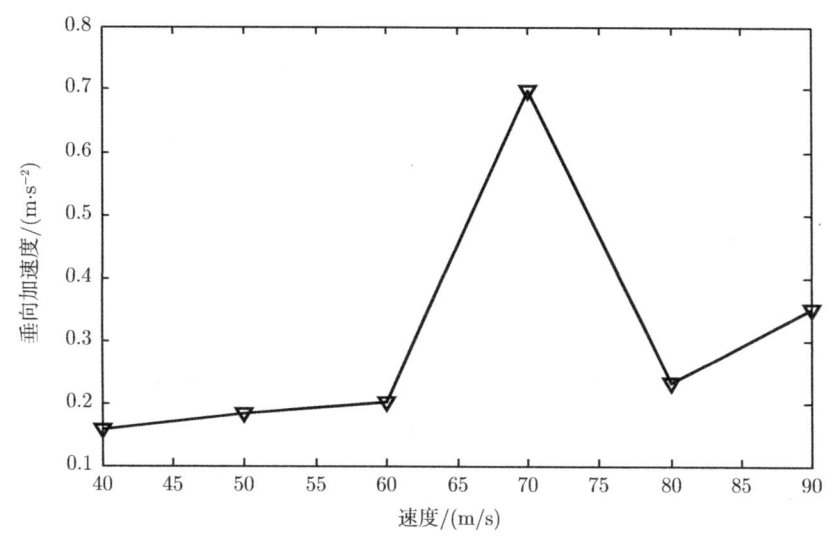

图 7-25 车体垂向加速度最大值随速度的变化曲线

从图 7-20～图 7-25 中可以看到,各个指标的值随速度变化趋势基本都是上升的,脱轨系数、轮轴横向力和车体垂向加速度在 70 m/s 时都有一个不同值,其他几个指标的变化呈一直上升趋势。从各个指标随时间的变化趋势可以知道所建列车模型是正确的,此模型可以用来进行其他方面的仿真分析。

这一小节主要做了动力学仿真分析,下面就每个速度级的仿真参数的最大值做了一张表,如表 7-4 所示。

表 7-4 在曲线轨道上时的各项指标仿真最大值

仿真速度	288 km/h	324 km/h	360 km/h
最大脱轨系数	0.1081	0.1291	0.1807
最大轮重减载率	0.7837	0.7133	0.7008
最大轮轴横向力/kN	10.976	16.158	22.198
最大轮轨垂向力/kN	102.27	98.236	97.522
最大横向加速度/(m/s^2)	1.4635	1.8	2.5483
最大垂向加速度/(m/s^2)	0.2305	0.2775	0.3148

从表 7-4 中可以看出,随着列车运行速度的增加,各个指标的值随速度变化趋势基本都是上升的,只有脱轨系数、轮轴横向力和车体垂向加速度在 70 m/s 时有一个不同值。综观整个表来看各项参数基本都在安全限界内,符合国家标准,验证了所建列车模型的正确性。

通过预载分析、线性分析和动力学仿真可以看出本章所建的高速动车组单车拖车模型是有效的,在一定程度上可以有效反映该动车组单车的动力学性能。

7.6 非线性临界速度

非线性临界速度是列车运行稳定性的一方面,在车辆系统中存在很多非线性因素,考虑车辆的各种非线性因素后,计算得到的临界速度称为非线性临界速度[8-10]。

测车辆系统临界速度的方法有两种:恒速法和降速法。恒速法是指一开始给定一个较高的速度和初始激励,让列车在轨道上运行,观察横向位移的收敛和发散情况,如果一开始收敛,再继续增加速度直到横向位移趋于发散时,此时的速度就是车辆系统非线性临界速度;降速法是指起初设置一段有限长的实际激扰轨道,使列车在轨道上运行,当列车行驶到激扰处会发生振动,如果它的振动情况能衰减到平衡位置,那么系统未发生蛇行失稳,反之,当振动位移不能衰减到平衡位置,则判定系统出现蛇行失稳。

使用 VI-Rail 软件进行仿真分析生成了两个速度时的轮对横移量,并用 MATLAB 处理后得到两个图形,如图 7-26 和图 7-27 所示。

根据图 7-26 和图 7-27 可以知道,124 m/s 时横移量出现等幅振荡,那么当列车行驶速度超过 123 m/s 时会产生失稳现象。因此,车体的临界速度为 123 m/s,约合 443 km/h。

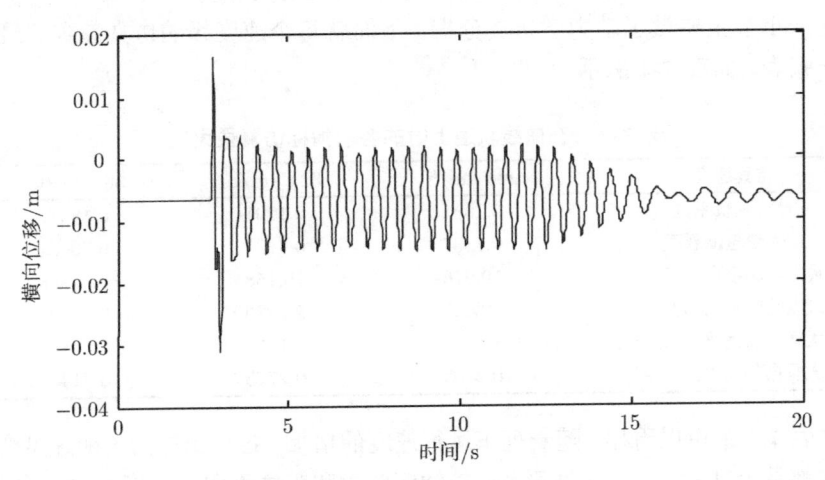

图 7-26 123 m/s 时的轮对横移量

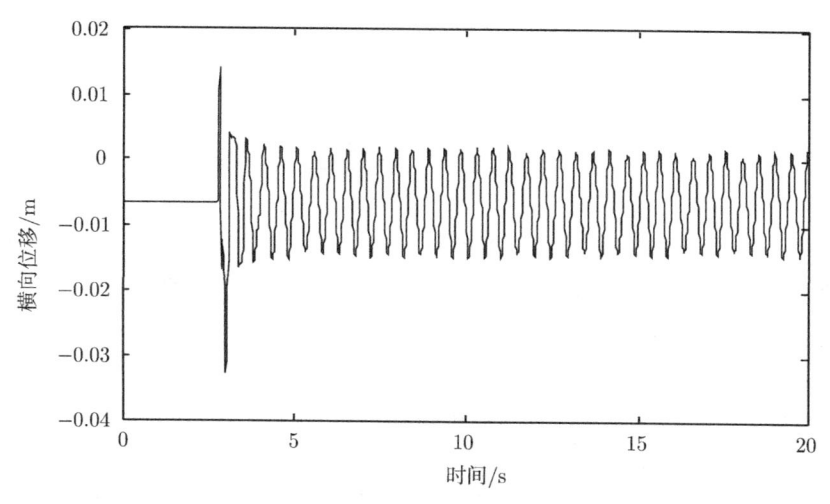

图 7-27　124 m/s 时的轮对横移量

参 考 文 献

[1] 李增刚. ADAMS 入门详解与实例 [M]. 北京：国防工业出版社，2007.
[2] 赵义伟, 刘永强, 廖英英, 马增强. 基于 VI-Rail 的动车组半主动协调控制仿真分析研究 [A]. 中国力学学会动力学与控制专业委员会. 第十届动力学与控制学术会议摘要集 [C]. 中国力学学会动力学与控制专业委员会, 2016: 1.
[3] 赵洪伦. 轨道车辆结构与设计 [M]. 北京：中国铁道出版社，2009.
[4] 张曙光. CRH2 型动车组技术 [M]. 北京：中国铁道出版社，2008.
[5] 左言言，常庆斌，耿烽，等. 轨道高低不平顺激励下的车体振动仿真 [J]. 江苏大学学报，2011，32(06)：648-651.
[6] 王成国. MSC.VI-Rail 基础教程 [M]. 北京：科学出版社，2005.
[7] 郑明新, 肖矜, 何志勇, 等. 车辆脱轨机理及预防脱轨的对策 [J]. 华东交通大学学报，2005，22(05)：6-8.
[8] Sun Y Q, Dhanasekar M. Importance of track modeling to the determination of the critical speed of wagons [J]. Vehicle System Dynamics, 2004, 41(5): 232-241.
[9] True H. Some recent development in nonlinear railway vehicle dynamics [J]. Proc. of the 1 European Nonlinear Oscillations Conference. Berlin, 1993, (3): 121-130.
[10] Transportation systems: SNCF and alstom set new world speed record [J]. IEEE Vehicular Technology Magazine, 2007, 2(3): 62-65.

第 8 章 基于轮轨间几何位置的脱轨状态评价

列车在轨道上行驶，不同速度下轮轨之间的相互作用不同，轮轨之间的作用力变化情况也不尽相同。在低速情况下行驶的列车一般只会发生爬轨脱轨，高速情况下运行的车辆发生的脱轨情况很复杂，既有爬轨脱轨又有跳轨脱轨。在列车事故中最常见的脱轨方式是爬轨脱轨，跳轨脱轨发生的少，但是与其他脱轨方式相比还算常见，本章中主要研究爬轨脱轨和跳轨脱轨。

在低速情况下研究的爬轨脱轨属于静态脱轨分析范畴，而跳轨脱轨应该属于动态方面[1,2]。在研究动态跳轨过程中要考虑列车的蛇行运动以及轮轨之间的相互作用机制，动态脱轨很复杂，要考虑的因素很多，要从系统动力学的角度出发，严格来说，跳轨包括准静态爬轨过程和动态跳轨过程。传统的脱轨评价指标包括脱轨系数和轮重减载率，但是它们存在很大的局限性，不能够完美地评价脱轨过程，本章打算用轮轨间几何位置参数与传统脱轨评价指标比较，来找出一定的联系。

8.1 轮轨间几何位置关系与脱轨的静态分析

脱轨，简单来说就是车轮离开轨道运行，这样会造成轮轨间几何位置的改变。根据脱轨的形式 (爬轨脱轨、跳轨脱轨、滑轨脱轨、掉轨脱轨和倾覆脱轨) 来分析脱轨过程中车轮相对于轨道在空间上改变的不同形式。爬轨脱轨一般在车辆低速曲线运行中发生，车轮随着轮重减载率的增大，产生大的正冲角，并由轮轨横向力的作用爬上轨枕造成脱轨。跳轨多发生于高速运行中轮轨间产生大的碰撞作用时[3,4]，使车轮与钢轨侧面形成猛烈冲击并跃起造成脱轨。滑轨发生在轮对的冲角为负值时，一侧轮子落入钢轨内侧道床。掉轨主要是由于外力使钢轨横向扩张产生的，文中所建立的多体仿真模型下的轨道定义为刚性，所以文中不考虑掉轨的可能。倾覆脱轨是指车轮随着车体发生侧转倾覆。

由于脱轨形式多种多样，在车辆运行过程中脱轨可能是其中的一种或多种的结合，故轮轨的空间位置变化也不是只有一种。

8.1.1 以轮轨接触位置的不同状态来分析

图 8-1 是列车爬轨脱轨过程中接触点位置的变化。

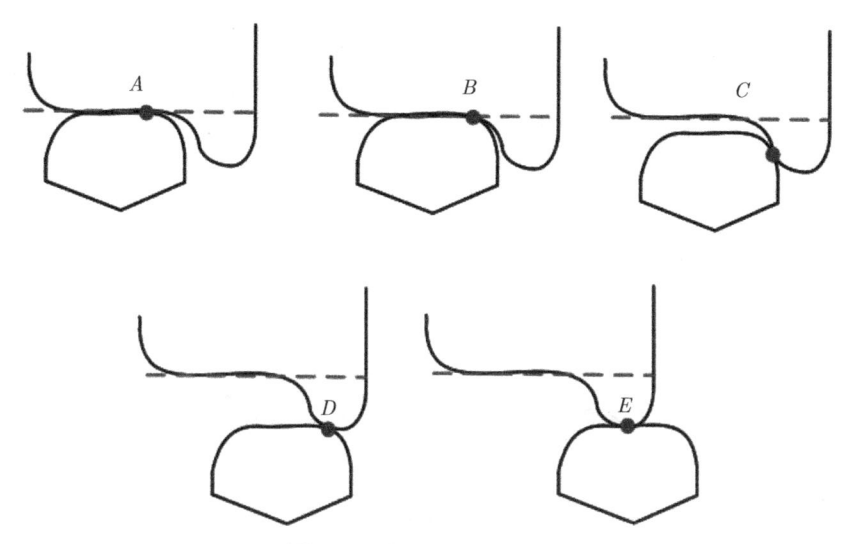

图 8-1 轮轨接触点的变化

从图中可以看到列车爬轨过程中共有 5 个点的变化，分别为 A、B、C、D 和 E 点的变化，再次划分为 4 个阶段即 $A \sim B$、$B \sim C$、$C \sim D$ 和 $D \sim E$ 段，下面仔细分析它们的变化。

A 点为钢轨与车轮踏面稳定接触时的点；B 点为轮缘根部开始与钢轨相接触时的点；C 点为轮缘接触角达到最大时钢轨与轮缘根部接触时的点[5]；D 点为钢轨轨面与轮缘底部接触时的点；E 点为轮缘底部开始在轨面上运动时的点。

$A \sim B$ 阶段中，轮轨接触点一直处于车轮踏面的非轮缘接触部分；$B \sim C$ 阶段中，轮轨接触点开始处于轮缘根部与钢轨接触的位置，此时还存在轮轨间隙，但是到 C 点时，轮轨间隙开始变为 0；$C \sim D$ 阶段中轮缘最底部开始爬到轨面；$D \sim E$ 阶段中轮缘开始在轨面上毫无限制的移动。

通过以上 5 个点和 4 个段的阶段变化可以知道：轮轨接触点在 $A \sim B$ 时最安全，在 $B \sim C$ 时开始有爬轨趋势，此时轮轨间隙逐渐地减小到 0，在 $C \sim D$ 时危险度加大，随着轮轨横向力的增大，轮轨之间横向作用加强，会冲破轮轨之间约束的束缚，轮轨接触点到达 D 点，如果此时在增加点微小的横向激扰就会发生跳轨脱轨，一般认为 D 点为脱轨临界状态时的点。

由于轮轨接触点很难测量[6,7]，下面以车轮抬升量 (轮轨垂向相对位移) 来进行分析。

8.1.2 以车轮抬升量为分析源

用轮轨接触点来分析脱轨的变化虽然看起来很明显，但是由于实际中点的测量很麻烦，这里引入一种更好测量的分析源即车轮抬升量，车轮抬升量的定义为钢轨最高点与车轮踏面名义接触点之间的垂向距离。

轮轨接触的 3 种状态如图 8-2 所示，从左到右依次为车轮踏面与钢轨轨面的正常接触状态，车轮的爬轨状态和车轮在钢轨上的悬浮状态[8,9]。

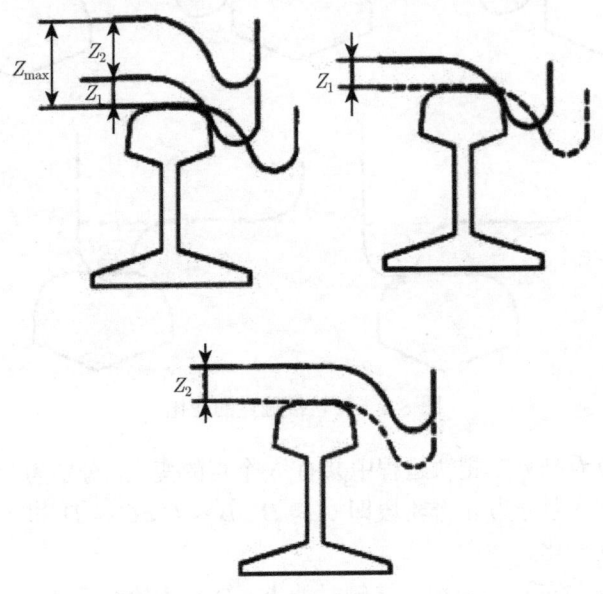

图 8-2 轮轨接触垂向相对位置分析

从图 8-2 中定义车轮抬升量为 Z_{max}，可见 Z_{max} 为 Z_1 与 Z_2 两者的和。

通过测得车轮抬升量的大小可以知道系统处于什么状态，关于车轮抬升量，这里要引入轮缘高度的概念。只要车轮抬升量不大于轮缘高度，轮缘最低点始终会在轨面最高点之下，由于轮轨的约束作用，车轮最后还要回到正常接触状态[10]，如果车轮抬升量超过了轮缘高度，那么列车随时都有脱轨的可能。因此，车轮抬升量的极限值即为轮缘高度。

8.2 基于爬轨的轮轨几何位置关系与脱轨的动态分析

通过 8.1 节的分析可知静态时轮轨的接触状态，但是只有静态分析还不够，实际上，列车脱轨是多方面影响因素共同作用的结果，既要考虑轮轨的非线性关系还要考虑到非线性蠕滑理论，因此对列车脱轨情况还要进行动态分析。

8.2.1 轮轨间几何位置关系与脱轨机理的时域分析

通过 8.1 节的接触点分析和轮轨接触垂向位置分析可知轮轨接触最基本的变化。爬轨过程会经过这种变化，但是跳轨过程可能直接越过这些变化发生瞬间脱

8.2 基于爬轨的轮轨几何位置关系与脱轨的动态分析

轨,如果横向力和横移速度足够大就会发生这种情况。

下面使用所建的车体模型作仿真并进行时域分析,首先通过改变初始横向激励,让列车处于脱轨临界状态[11],然后对整车进行仿真分析,从 VI-Rail 中导出数据,在 MATLAB 中处理并进行包络得到下面几张处理结果图,接下来对图表进行分析。

图 8-3 是轮轨垂向相对位移与时间的变化规律,从图中可知,在仿真开始 1 秒之前垂向位移基本没什么变化,1 秒后列车运行到横向激励处,垂向位移会发生突变,猛然升高,逐渐升到最大值,此时轮缘应在轨道面之上,由于轮轨的约束作用,垂向位移会慢慢下降,逐渐维持在一个平衡状态,此时轮轨接触点应在临界接触点和最高点之间来回移动,如果横向激励足够大,那么列车就会有脱轨的危险。

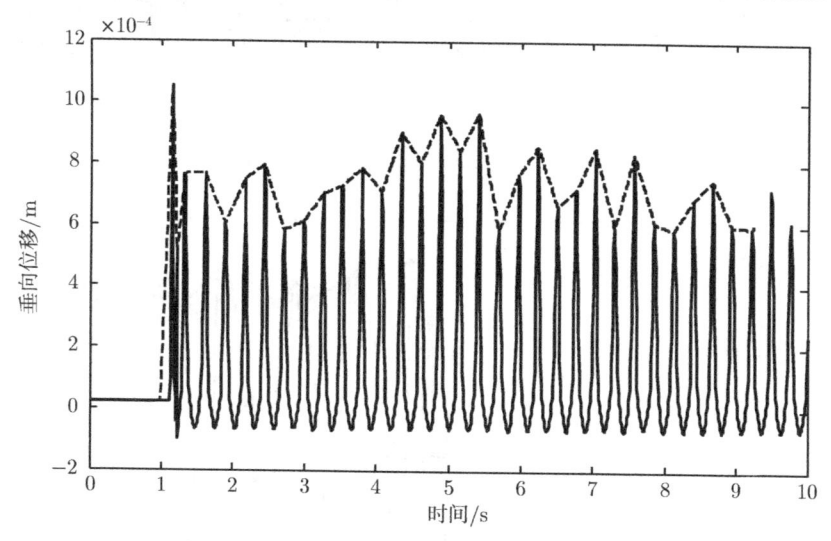

图 8-3 轮轨垂向相对位移与时间的变化规律

图 8-4 是轮轨接触角与时间的变化规律,从图中可看出,在初始激励前轮轨接触角增加很小,列车运行到横向激励处,接触角会发生陡变,增加到轮缘接触角最大值,然后会逐渐下降,如果轮轨接触点刚好到达轨道面之上,此时的接触角应为 0 值。

图 8-5 是轮轨横向蠕滑力随时间的变化规律,由图可知,当列车运行到横向激励处,轮轨横向蠕滑力先开始缓慢上升到达一个点后,然后开始下降到负方向一个点,接着又上升到正方向的最大值,接着开始趋于平衡。可见轮轨横向蠕滑力的变化和轮轨接触点的变化有关[12],蠕滑力方向的改变起到阻止轮缘爬上钢轨的作用。

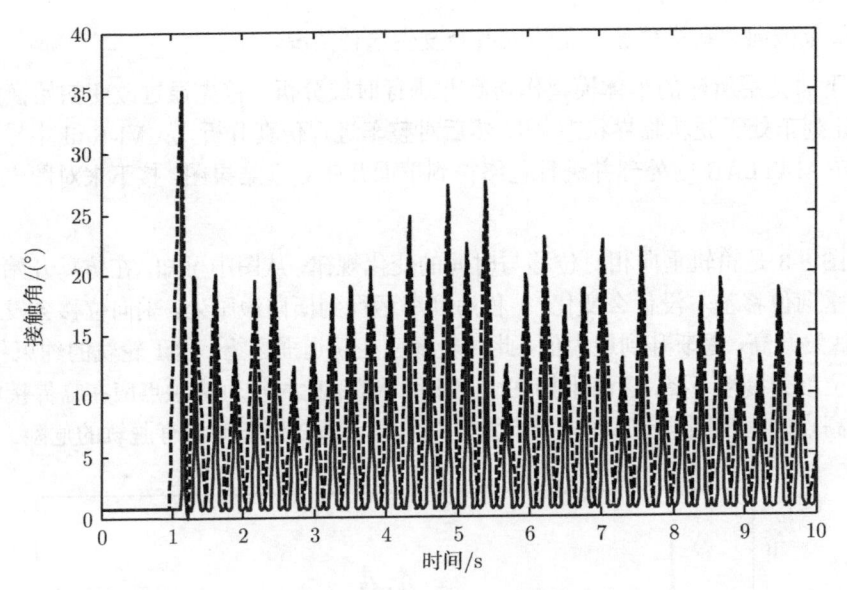

图 8-4　轮轨接触角随时间的变化规律

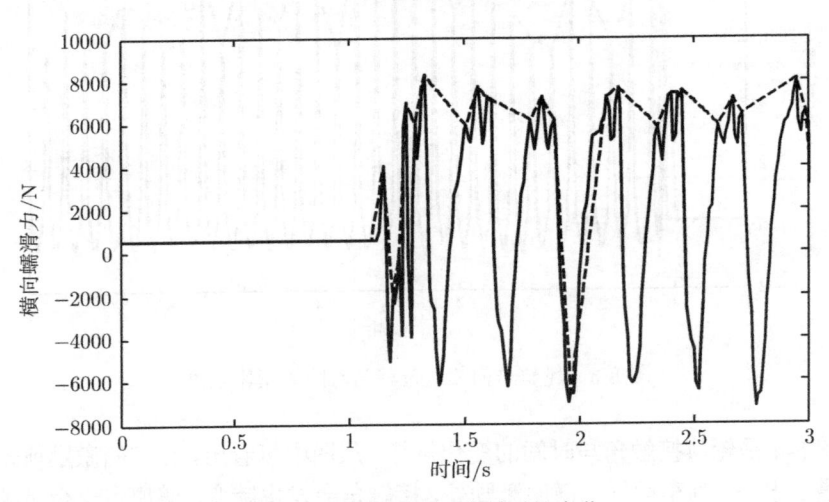

图 8-5　轮轨横向蠕滑力随时间变化

8.2.2　轮轨间几何位置关系与脱轨机理的参数轨迹变化分析

经过轮轨几何位置关系与脱轨机理的时域分析可以知道，列车经过横向激励时，一些参数会发生陡变，由于轮轨的相互约束它们会逐渐维持平衡状态，并且其变化呈现非线性，下面分析轮轨间的几何位置关系与脱轨机理的参数轨迹变化。

图 8-6 是轮轨横向相对速度随横向相对位移的变化规律。在列车正常行驶之初，轮轨横向相对速度与轮轨横向相对位移的曲线近似一点，当行驶到轨道横向激励

8.2 基于爬轨的轮轨几何位置关系与脱轨的动态分析

位置处，由于横向激励的作用，轮对横向相对位移和相对速度变大，在相图上呈现大区域椭圆形曲线，并在横向有爬轨脱轨的趋势，一段时间之后，轮轨横向相对位移和相对速度又逐渐收敛至小范围圆形区域内，可以得到，此速度下列车没有发生蛇行失稳。从图中可见，曲线一直维持在一个范围内，应该是轮轨相互约束的结果。

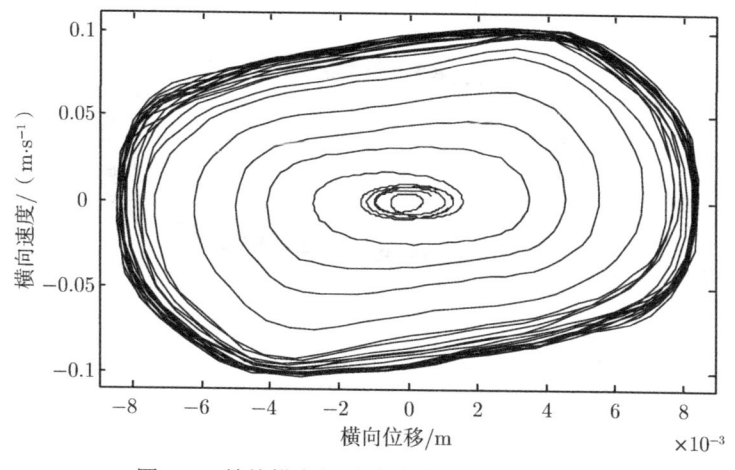

图 8-6 轮轨横向相对移动速度与位移的相图

图 8-7 是轮轨接触角随时间的变化规律。从图中可以看到轮轨接触角会不断变化，在最初位置增加缓慢，到了横向激励处先增加到一个最大值，然后下降再上升再下降，这样一直变化。这是由于列车运行到横向激励处，车轮与钢轨会发生碰撞[13]，接触角会陡变，接着在轮轨约束作用下，接触角会来回变化，钢轨一直限制车轮的横向移动。

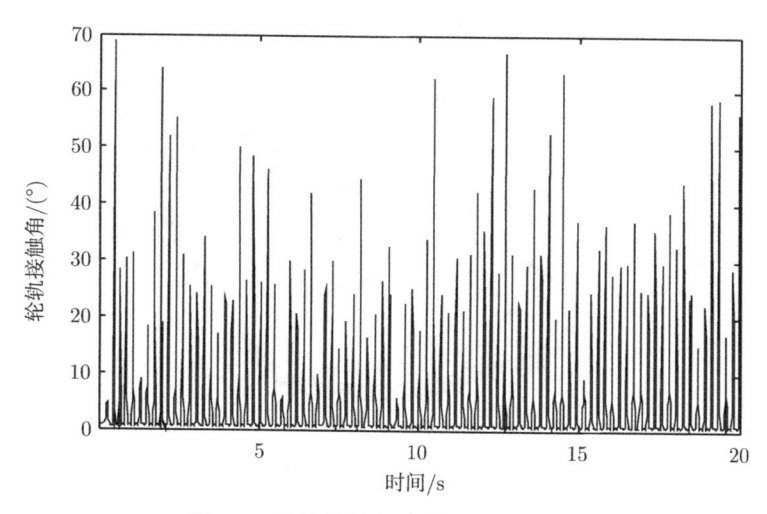

图 8-7 轮轨接触角随时间的变化规律

图 8-8 是轮轨横向相对移动与速度的相图，这是列车在脱轨临界状态时在通过增加点速度或者激励得到的[14]，从图中可见该图形是一个中间空外围密集的椭圆，处于发散状态，从稳定性方面分析，此时的列车即将脱轨。

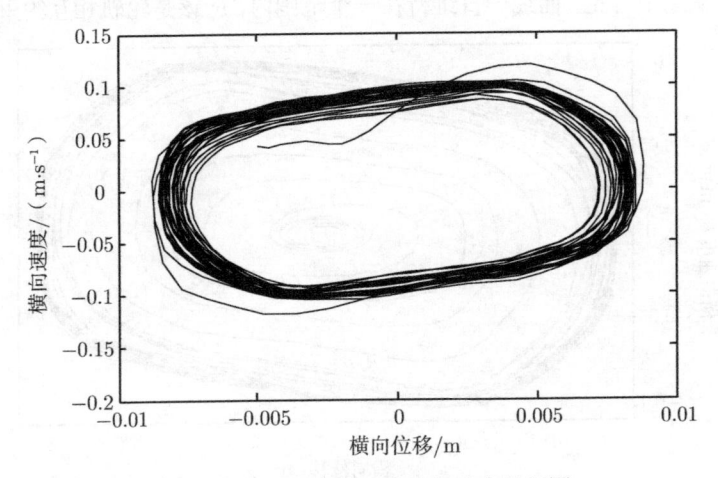

图 8-8　轮轨横向相对移动与速度的相图

图 8-9 是轮轨横向蠕滑力随横向位移的变化规律，在列车到达横向激励处，轮轨横向蠕滑力与横向位移的曲线范围为外围不规则椭圆曲线集，经过一段时间后，曲线范围逐渐收敛到小范围椭圆。横向位移的范围为 $-0.01 \sim 0.01$ 米，横向蠕滑力的范围在 $-5000 \sim 10000$ N，它们都有正有负，其变化趋势趋于收敛状态，这是由于横向蠕滑力在抵抗轮轨横向力的过程中不断变化，此时横向位移也会来回变化。

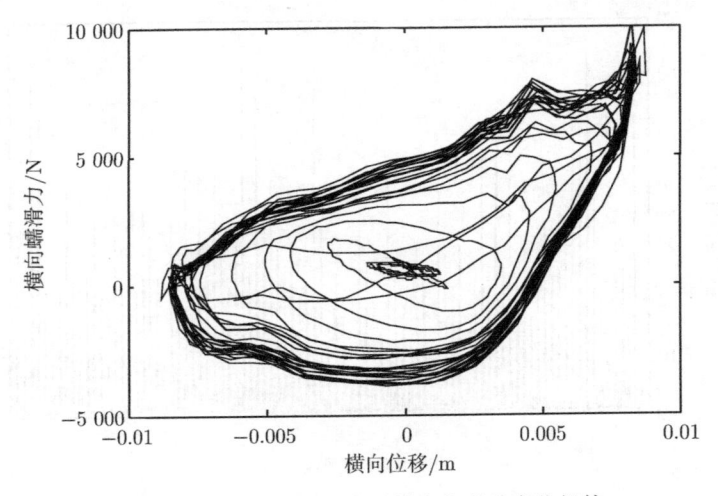

图 8-9　轮轨横向蠕滑力随横向位移的变化规律

通过 8.1 节和 8.2 节可知,轮轨之间存在约束,钢轨会限制车轮的运动,使车轮在横向位移范围内来回运动,车轮在运行到横向位移和轮轨间隙一样大时,达到脱轨临界状态 [15],如果此时的横向速度还是很大,就会有脱轨的危险。从以上图中可见它们的图形都有一定范围,超过范围就可能发生脱轨,而作为运行安全性的评价指标脱轨系数和轮重减载率等都有一个危险限值,大于这个危险限值就会发生脱轨,可见轮轨几何位置与列车运行安全性之间存在某种联系。

8.3 基于跳轨的轮轨几何位置关系与脱轨的动态分析

脱轨,即车轮离开了轨面脱离了轮轨约束,最常见的是爬轨脱轨,它属于准静态脱轨,而跳轨脱轨属于动态脱轨,要进行动态方面的分析。从碰撞角度来看,在激励处,车轮与轨道相互碰撞 [16],会产生一个大的横向力,致使横向位移改变,如果横向力非常大,就会使车轮越过约束发生脱轨,这是一个能量逐渐积累的过程,从力方面来看,跳轨脱轨是轮轨横向蠕滑力不足以抵抗横向力造成的 [17]。跳轨过程中轮对与钢轨的位置关系如图 8-10 所示 (不考虑轮对的水平旋转角度)。

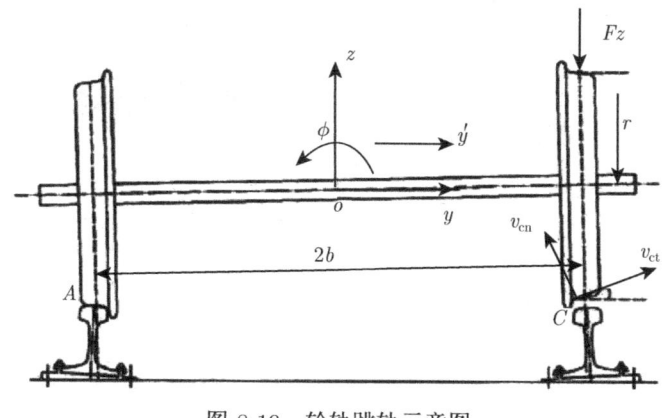

图 8-10 轮轨跳轨示意图

注:$2b$ 为轮轨接触点横向距离,r 为车轮滚动圆半径,Fz 为垂向力,v_{cn} 和 v_{ct} 分别为跳轨时图示方向的速度

跳轨脱轨表现为钢轨与车轮的剧烈地横向碰撞致使车轮脱离钢轨,它也是列车横向失稳的结果。钢轨与轮缘的剧烈碰撞,会造成列车横向失稳,随着碰撞过程中能量积累,在列车惯性力下会产生跳轨脱轨。

对列车横向失稳过程中车轮的垂向相对位移进行研究,分别以速度为 120 km/h、263 km/h、300 km/h、365 km/h 和 450 km/h 进行仿真,得到的数据结果如图 8-11~

图 8-15 所示。

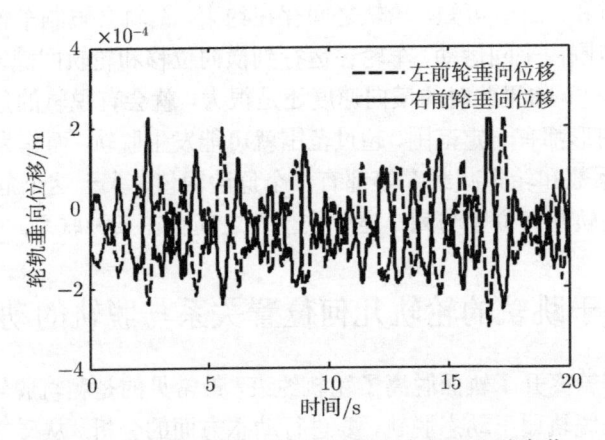

图 8-11 速度 120 km/h 时轮轨垂向相对位移变化

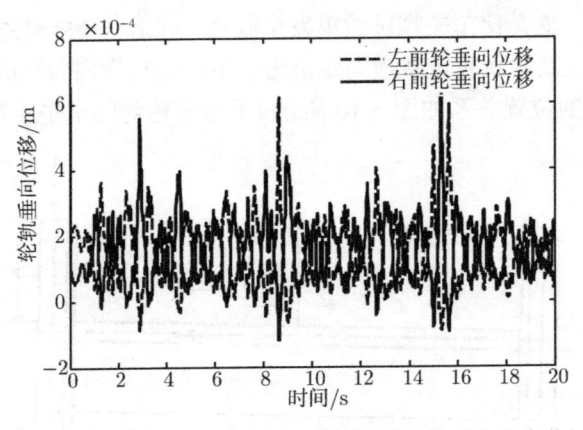

图 8-12 速度为 263 km/h 时轮轨垂向相对位移变化

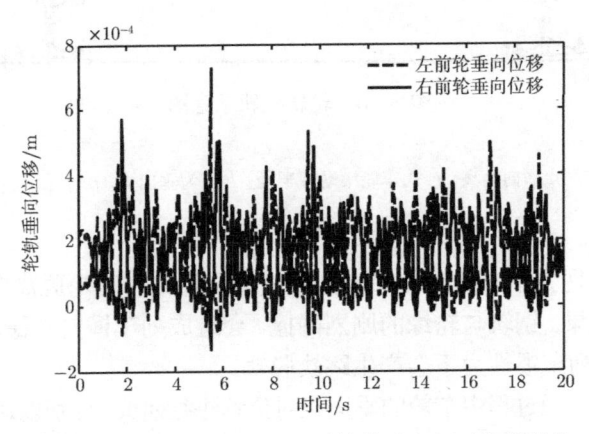

图 8-13 速度为 300 km/h 时轮轨垂向相对位移变化

8.3 基于跳轨的轮轨几何位置关系与脱轨的动态分析

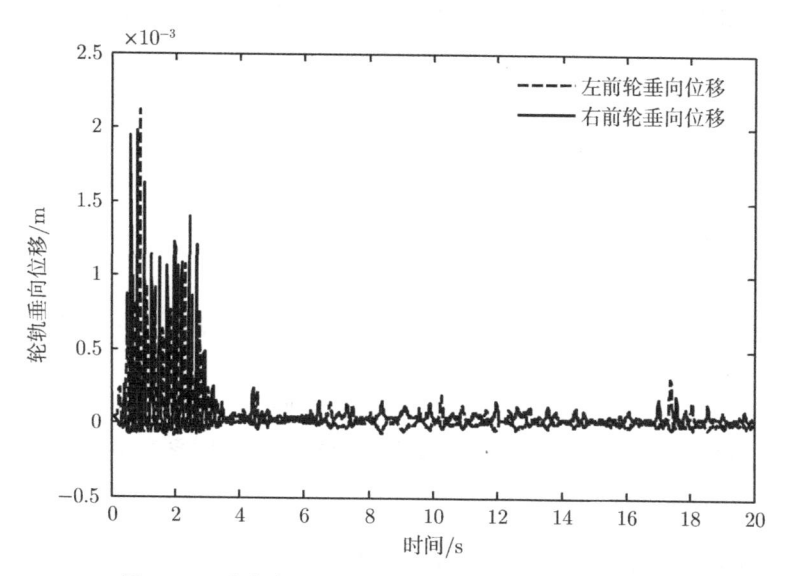

图 8-14 速度为 365 km/h 时轮轨垂向相对位移变化

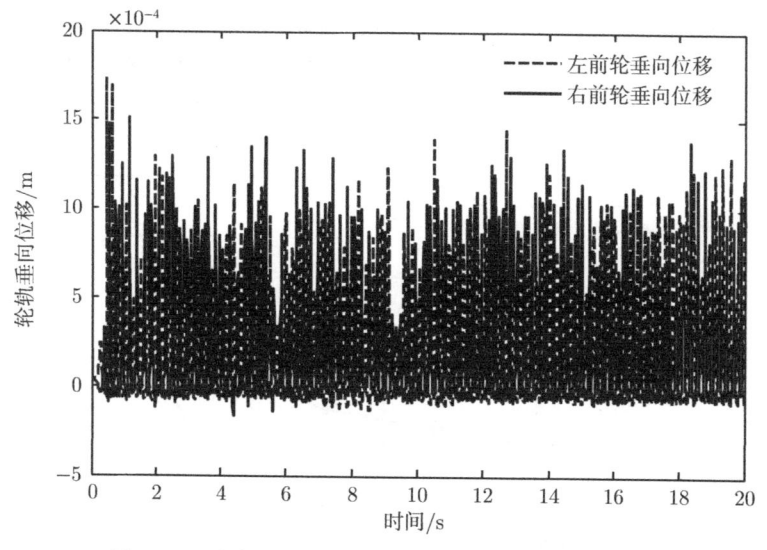

图 8-15 速度为 450 km/h 时轮轨垂向相对位移变化

以上的仿真图是在不同的速度下对轮轨垂向相对位移研究得到的，从图中可以看出，在速度为 120 km/h 时，列车运行状态良好，轮轨垂向相对位移在安全范围内变化；在速度为 263 km/h 时，车轮与钢轨会有轻微碰撞，图中有一些线陡增；在速度为 300 km/h 图中有很多条线陡增，此时车轮与钢轨碰撞逐渐激烈发生横向失稳；在速度为 365 km/h 时轮轨垂向位移在横向激励处陡变得非常大，后来慢慢地趋于平衡状态,这说明此时列车有脱轨的危险,但是如果轮轨间横向作用不强还会趋于平衡;在速度为 450 km/h 时,轮轨垂向位移值都变得很大,说明此时列车处于脱轨状态。

通过本节分析可以知道轮轨垂向位移与跳轨脱轨有着联系,随着列车速度的增高,最大轮轨垂向相对位移值也会变大,当垂向相对位移达到轮缘高度时,如果再增加速度就会有脱轨的危险。

8.4 轮轨间几何位置关系引为脱轨评判指标的分析

通过 8.1 节~8.3 节分析可知轮轨几何位置与列车运行安全性有着很大的联系,下面根据轮轨间几何位置与列车运行安全性指标之间的联系在不同的轨道谱上进行分析。

8.4.1 轮轨间几何位置关系引为脱轨评判标准的可行性探讨

本章在德国高干扰谱上运用所建列车模型进行分析研究,分别以 72 km/h、144 km/h、216 km/h、288 km/h、360 km/h、432 km/h 的速度在软件中运行,间隔速度为 72 km/h,即 20 m/s。将结果导入 MATLAB 中进行处理得到如图 8-16 到图 8-21 所示的轮轨间几何位置与脱轨评定指标之间的关系曲线图。

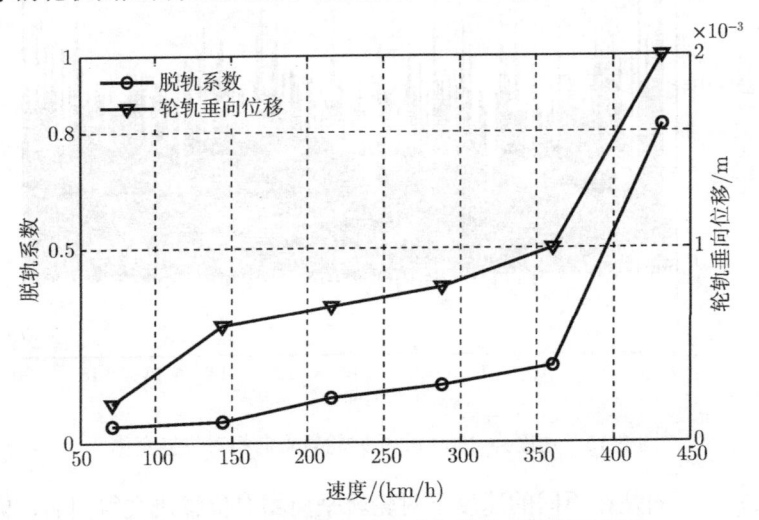

图 8-16 轮轨间垂向相对位移与脱轨系数的关系图

由图 8-16 可知,轮轨垂向位移曲线在脱轨系数曲线上方,随着速度的提高,两条曲线都一直上升,它们是正相关关系。

8.4 轮轨间几何位置关系引为脱轨评判指标的分析

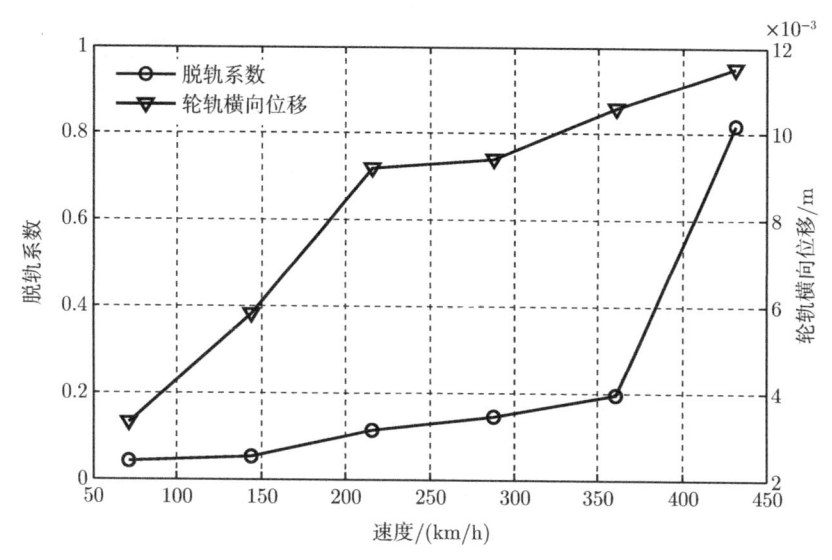

图 8-17 轮轨间横向相对位移与脱轨系数的关系图

由图 8-17 可知，轮轨横向位移曲线在脱轨系数曲线上方，随着速度的提高，两条曲线都一直上升，两条曲线没有交点，它们是正相关关系。

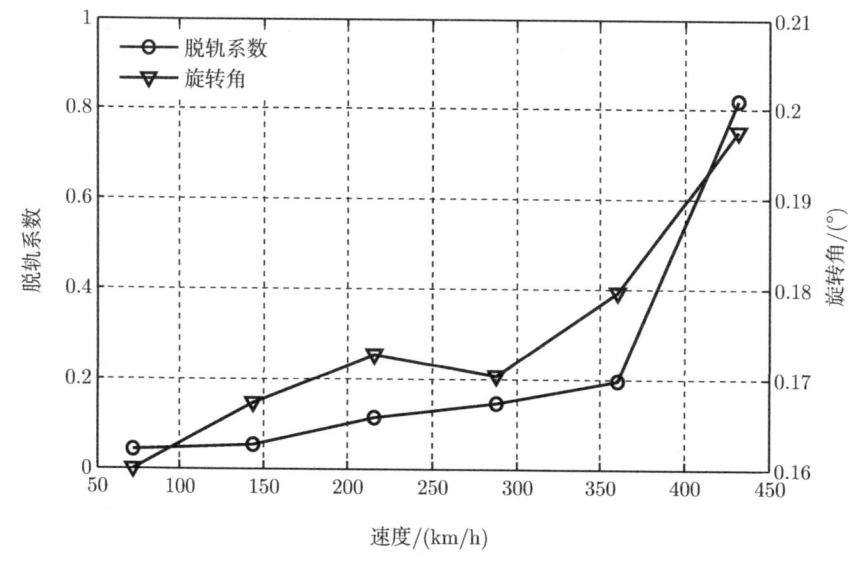

图 8-18 轮轨旋转角度与脱轨系数的关系图

由图 8-18 可知，轮对旋转角度曲线在脱轨系数曲线上方，随着速度的提高，两条曲线呈上升状态，两条曲线有两个交点，它们是正相关关系。

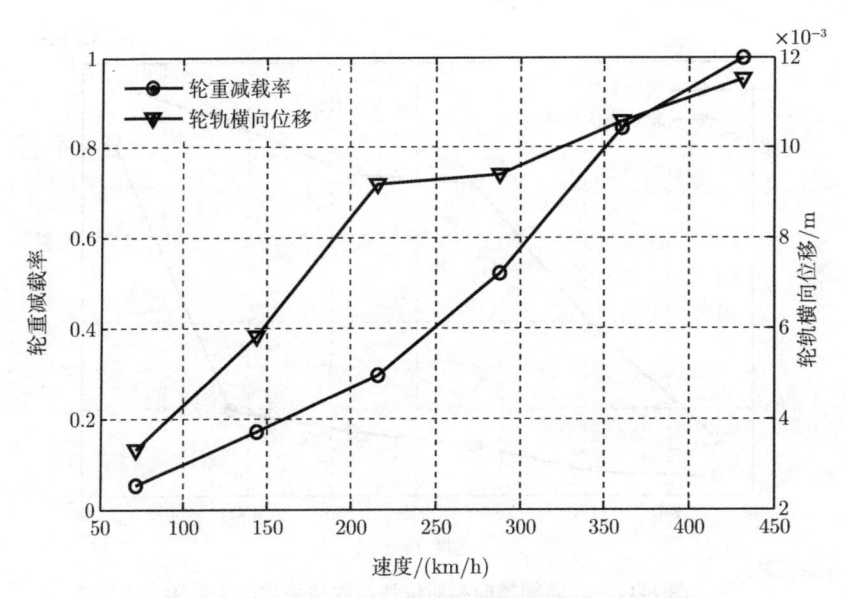

图 8-19　轮轨间横向相对位移与轮重减载率的关系图

由图 8-19 可知,轮轨横向位移曲线在轮重减载率曲线上方,随着速度的提高,两条曲线都一直上升,两条曲线有一个交点,它们是正相关关系。

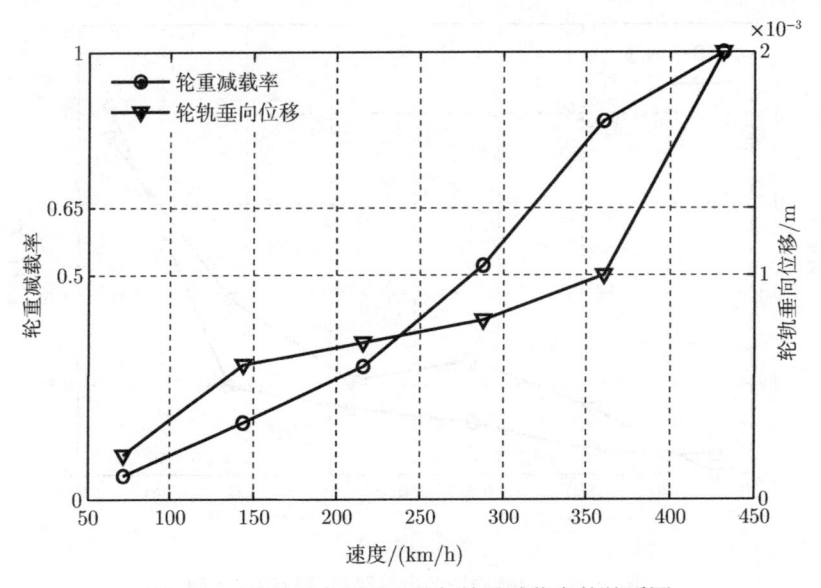

图 8-20　轮轨垂向相对位移与轮重减载率的关系图

由图 8-20 可知,随着速度的提高,轮轨垂向位移曲线与轮重减载率曲线都一直上升,两条曲线有两个交点,它们是正相关关系。

8.4 轮轨间几何位置关系引为脱轨评判指标的分析

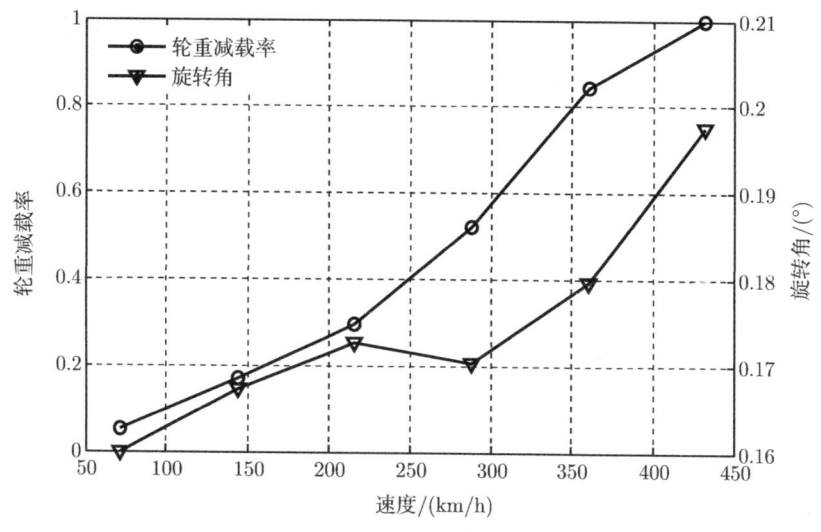

图 8-21 轮对旋转角度与轮重减载率的关系图

由图 8-21 可知，轮对旋转角度曲线在轮重减载率曲线下方，随着速度的提高，两条曲线都一直上升，两条曲线没有交点，它们是正相关关系。

在图 8-16～图 8-21 中研究的是轮轨垂向位移、轮轨横向位移和轮对旋转角与脱轨系数和轮重减载率之间的关系，可以看到它们都是正相关关系，在前面也提到过，轮轨垂向位移和横向位移等的变化有一个范围，超过范围会有脱轨危险，脱轨系数和轮重减载率等也有一个危险限值，超过这个值列车也会发生脱轨，又从图 8-16～图 8-21 中知道它们是正相关关系，可以看出轮轨间几何位置参数能代替传统脱轨评价指标进行脱轨评判。

下面是用轮轨横向位移与垂向位移的比值和传统的脱轨评价指标进行比较，得到图 8-22 和图 8-23。

由图 8-22 可知，随着速度的提高，轮轨横向位移与垂向位移的比值曲线呈下降状态，脱轨系数曲线是上升状态，两条曲线有一个交点，它们是负相关关系。其中轮轨横向位移与垂向位移的比值曲线在速度为 150 km/h 左侧有不同的点。

由图 8-23 可知，随着速度的提高，轮轨横向位移与垂向位移的比值曲线呈下降状态，轮重减载率曲线是上升状态，两条曲线有一个交点，它们是负相关关系。其中轮轨横向位移与垂向位移的比值曲线在速度为 150 km/h 左侧有不同的点。

从图 8-22 和图 8-23 中可以看到，轮轨横向位移与垂向位移的比值与传统评价指标之间是负相关关系，可见用轮轨横向位移与垂向位移的比值作为评价指标是可行的。

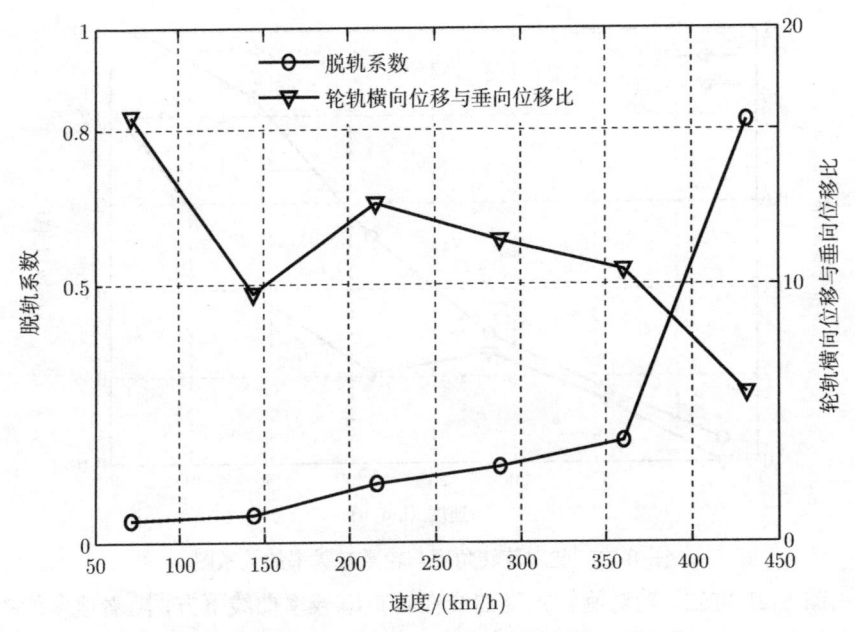

图 8-22　横向位移与垂直位移的比值与脱轨系数的关系图

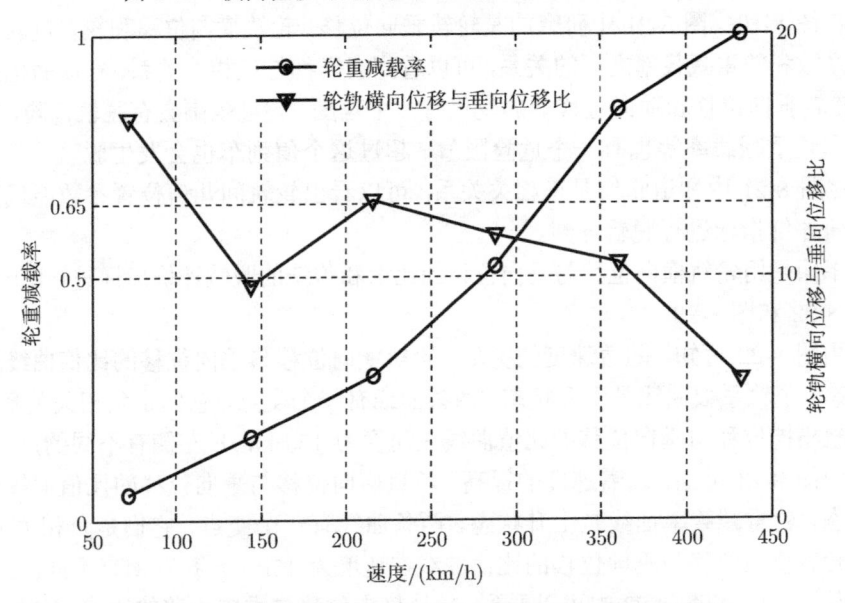

图 8-23　横向位移与垂直位移的比值与轮重减载率的关系图

8.4.2　轮轨间几何位置关系假定为脱轨评判标准的确定

图 8-16～图 8-21 得到了轮轨几何位置与列车安全性评价指标的正相关关系，下面在德国低干扰谱下进行验证。仍然用所建列车模型，分别以 72 km/h、144

8.4 轮轨间几何位置关系引为脱轨评判指标的分析

km/h、216 km/h、288 km/h、360 km/h、432 km/h 的速度运行,仿真结果如图 8-24 到图 8-31 所示。

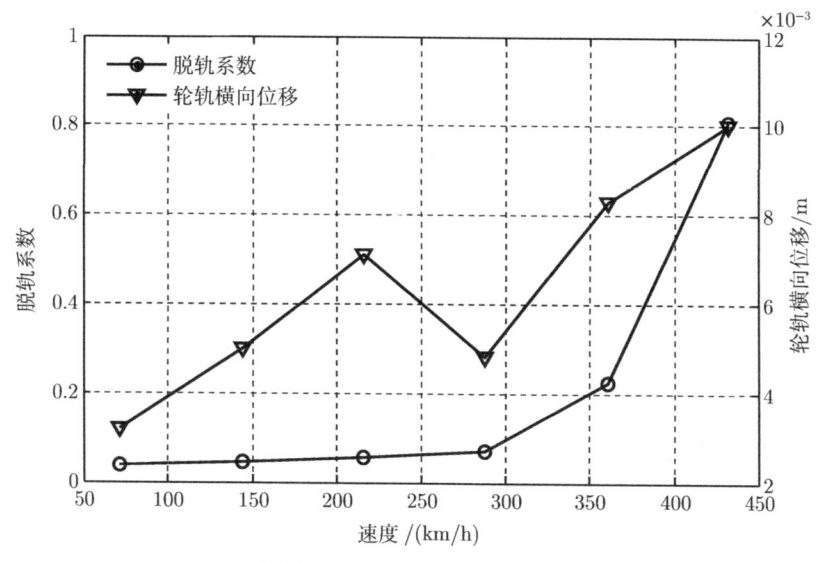

图 8-24 轮轨横向相对位移与脱轨系数的关系图

由图 8-24 可知,轮轨横向位移曲线在脱轨系数曲线上方,随着速度的提高,两条曲线都一直上升。其中,在速度为 288 km/h 的时候,轮轨横向位移最大值降低,但总体趋势是上升的,且都是正相关关系。

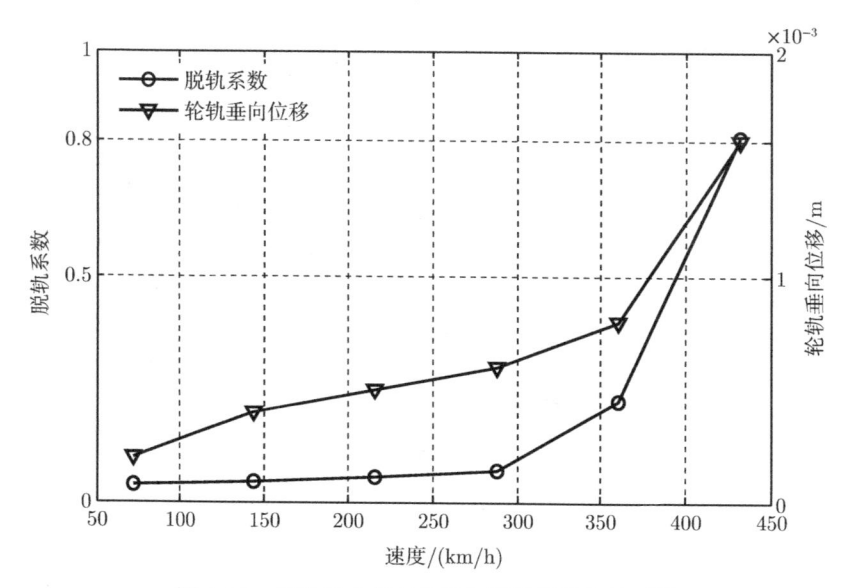

图 8-25 轮轨垂向相对位移与脱轨系数的关系图

由图 8-25 可知，轮轨垂向位移曲线在脱轨系数曲线上方，随着速度的提高，两条曲线都一直上升，它们是正相关关系。

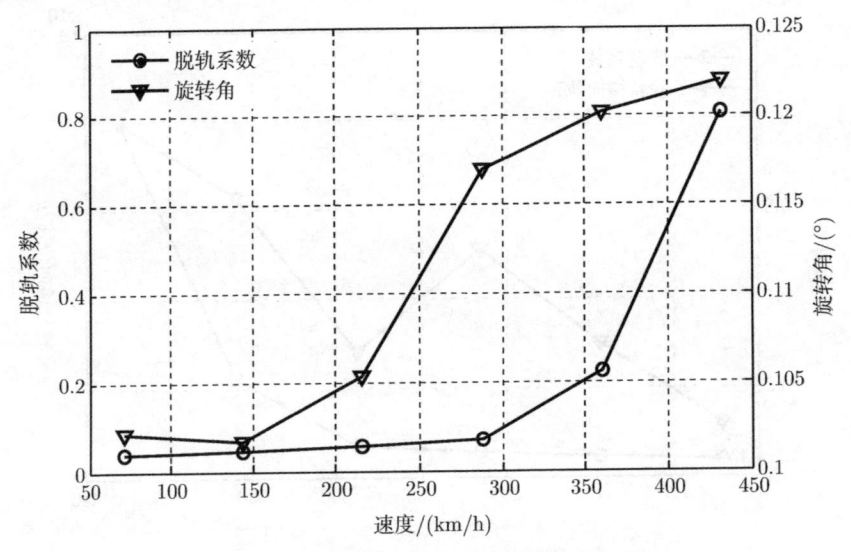

图 8-26 轮对旋转角度与脱轨系数的关系图

由图 8-26 可知，轮对旋转角度曲线在脱轨系数曲线上方，随着速度的提高，两条曲线呈上升状态，它们是正相关关系。

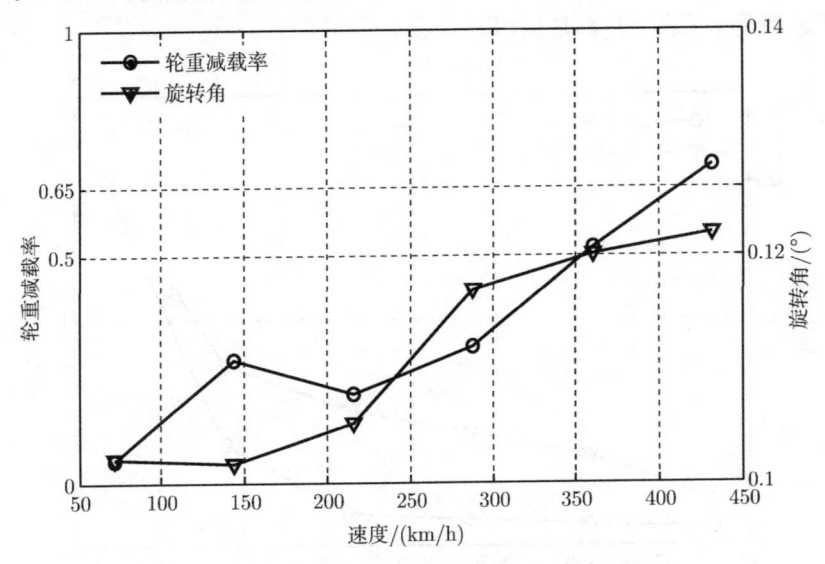

图 8-27 轮对旋转角度与轮重减载率的关系图

由图 8-27 可知，随着速度的提高，轮对旋转角度曲线与轮重减载率曲线都一

8.4 轮轨间几何位置关系引为脱轨评判指标的分析

直上升,两条曲线有三个交点,它们是正相关关系。

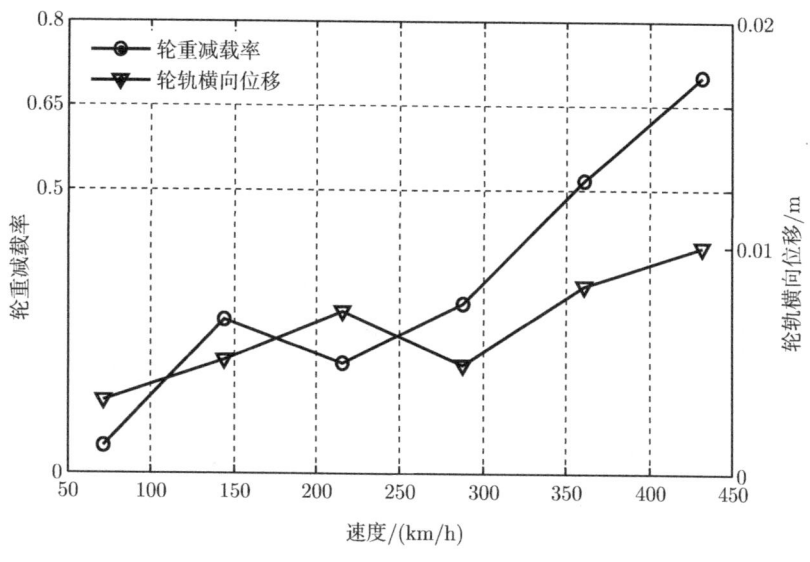

图 8-28　轮轨横向相对位移与轮重减载率的关系图

由图 8-28 可知,随着速度的提高,轮轨横向位移曲线与轮重减载率曲线都一直上升,两条曲线有三个交点,它们是正相关关系。

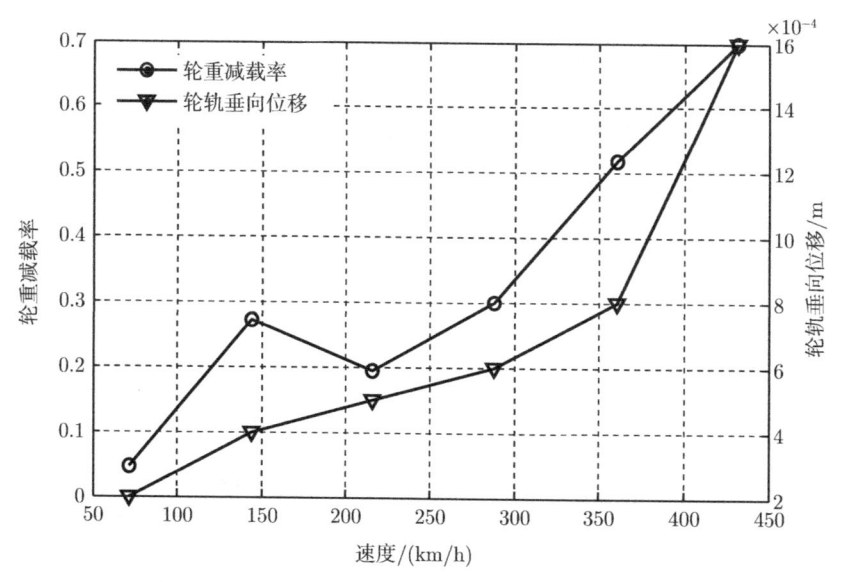

图 8-29　轮轨垂向相对位移与轮重减载率的关系图

由图 8-29 可知,随着速度的提高,轮轨垂向位移曲线与轮重减载率曲线都一直上升，它们是正相关关系。

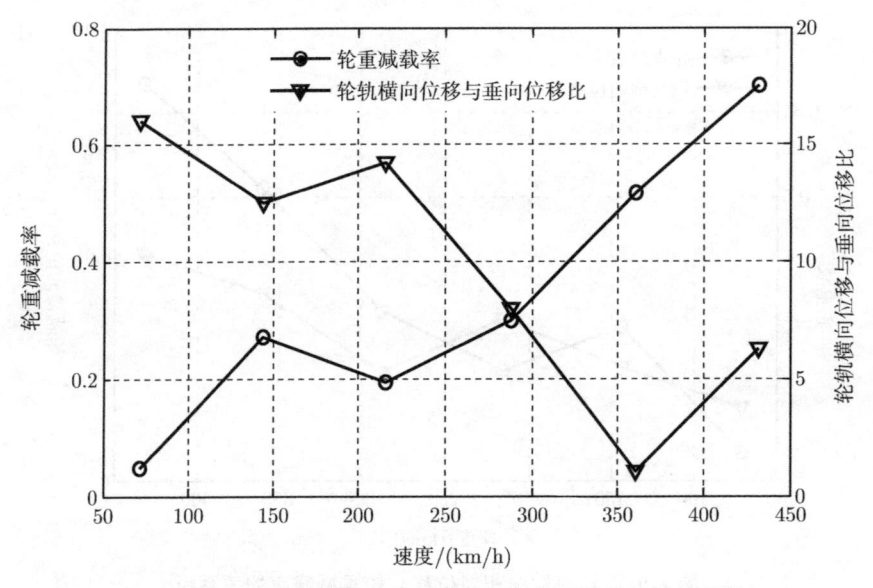

图 8-30　横向位移与垂向位移的比值与轮重减载率的关系图

由图 8-30 可知，随着速度的提高，轮轨横向位移与垂向位移的比值曲线呈下降状态，轮重减载率曲线是上升状态，两条曲线有一个交点，它们是负相关关系。

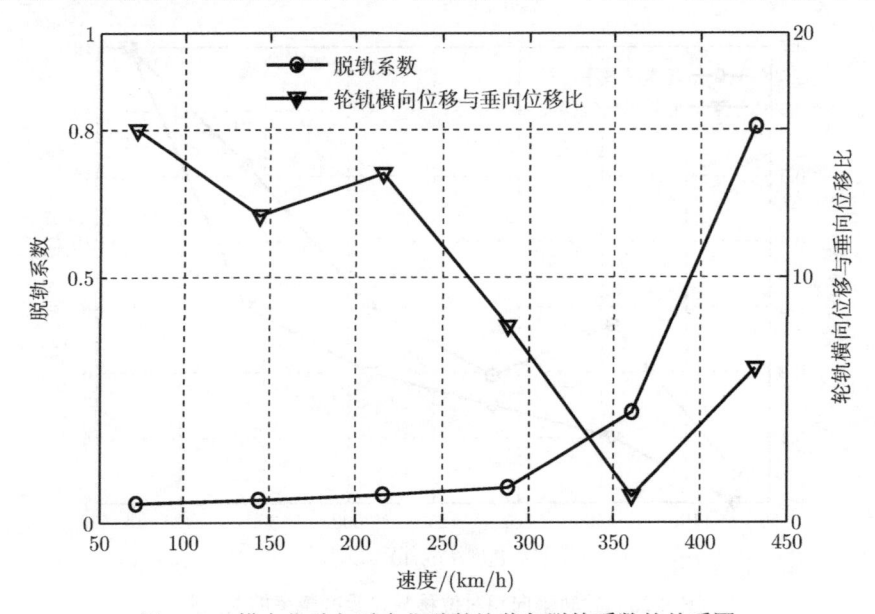

图 8-31　横向位移与垂向位移的比值与脱轨系数的关系图

8.4 轮轨间几何位置关系引为脱轨评判指标的分析

由图 8-31 可知，随着速度的提高，轮轨横向位移与垂向位移的比值曲线呈下降状态，脱轨系数曲线是上升状态，两条曲线有一个交点，它们是负相关关系。

由图 8-24 到图 8-26 可见，轮轨横向位移、轮轨垂向位移、轮对旋转角度和脱轨系数都是随着速度的增加而增大的，只有轮轨横向相对位移在速度为 70 m/s 时有一个不同的值，在各个图中脱轨系数与它们都是正相关关系。由图 8-27 到图 8-29 可知，轮轨横向位移、轮轨垂向位移、轮对旋转角度和轮重减载率随着速度增加的变化趋势基本都是增大的，在各个图中轮重减载率与它们都是正相关关系。从图 8-30 和图 8-31 中可以看到轮轨横向相对位移与垂向相对位移的比值与轮重减载率和脱轨系数都是负相关关系，可见用轮轨横向位移与垂向位移的比值作为评价指标是可行的。

由以上 8 个图可以知道，在德国低干扰谱下分析的轮轨几何位置与传统脱轨评价指标是有一定联系的，同时也验证了德国高干扰谱下两者关系的正确性。可见用轮轨几何位置参数代替传统脱轨评价标准进行脱轨判定是可行的。

下面用两个表格来分析，如表 8-1 和表 8-2 所示。

表 8-1 轮轨间几何位置参数与脱轨系数评定值比对表

轨道谱	脱轨系数评判标准值	轮轨间垂向相对位移	轮轨间横向相对位移	旋转角度	比值
德国高干扰谱（直线）	0.8	1.9	11.5	0.1976	7
德国低干扰谱（直线）	0.8	1.6	9.5	0.122	6

表 8-2 轮轨间几何位置参数与轮重减载率评定值比对表

轨道谱	轮重减载率评判标准值	轮轨间垂向相对位移	轮轨间横向相对位移	旋转角度	比值
德国高干扰谱（直线）	0.6	1	9.8	0.176	11
德国低干扰谱（直线）	0.6	0.9	7	0.118	7.5

从以上两个表中可以看出，轮轨横向相对位移都在 9 mm 附近变化，与轮轨间隙 9 mm 吻合。相对于横向位移的变化垂向位移变化不大，而且垂向位移的值也很小，可见垂向位移对脱轨的影响不大，对脱轨影响较大的是轮轨横向相对位移，其值变化很明显可以用来评判脱轨。而旋转角度的值很小，用它来作为脱轨评价标准误差会很大，不实用。对于轮轨横向相对位移与垂向相对位移的比值，结合两个表，可以把比值 6 作为脱轨评价指标。

参 考 文 献

[1] Sun Y Q, Dhanasekar M. Importance of track modeling to the determination of the critical speed of wagons [J]. Vehicle System Dynamics, 2004, 41(5): 232-241.
[2] True H. Some recent development in nonlinear railway vehicle dynamics [C]. Proc. of the 1 European Nonlinear Oscillations Conference. Berlin, 1993, (3): 121-130.
[3] Transportation systems: SNCF and alstom set new world speed record [J]. IEEE Vehicular Technology Magazine, 2007, 2(3): 62-65.
[4] Wu J S, Shih P Y. Dynamic response of railway and carriage under the high-speed moving loads [J]. Journal of Sound and Vibration, 2000, 236(1): 61-87.
[5] 肖新标. 轨道运动对列车脱轨影响的研究初探 [D]. 成都：西南交通大学, 2005.
[6] Friedrich K, Hubert W, Pflanz G. Dynamics behavior of slab track for high speed trains [J]. Eisenbahningenieur, 2001, 52(1): 13-16.
[7] Sato Y. Abnormal wheel load of test train [J]. Permanente Way, 1973(14): 1-8.
[8] Cai Z, Raymond G P. Theoretical model for dynamic wheel/rail and track interaction [C]. Proc. 10th Int. Wheelset Cong, Sydney, 1992(5): 50-56.
[9] Kalker J J. Survey of wheel-rail rolling contact theory[J]. Vehicle System Dynamics, 1979, (5): 317-358.
[10] 刘伟渭. 约束轮对随机非线性动力学理论研究 [D]. 成都：西南交通大学, 2013.
[11] 曾庆元, 周智辉, 赫丹, 等. 列车–轨道（桥梁）系统横向振动稳定性分析 [J]. 铁道学报, 2012, 34(05): 86-90.
[12] 肖乾, 黄碧坤, 徐红霞, 等. 不同运行工况下高速轮轨稳态滚动接触蠕滑特性分析 [J]. 中国铁道科学, 2015, 36(03): 81-87.
[13] 张亚兵. 车辆轮轨系统弹性碰撞的动力学研究 [D]. 兰州：兰州交通大学, 2014.
[14] 曾京, 关庆华. 铁道车辆运行安全评判的轮对爬轨脱轨准则 [J]. 交通运输工程学报, 2007, 7(6): 1-5.
[15] 向俊. 列车脱轨机理与脱轨分析理论研究 [D]. 长沙：中南大学, 2006.
[16] 干锋. 高速列车轮轨接触关系研究 [D]. 成都：西南交通大学, 2015.
[17] 聂宇, 张金敏. 高速列车－轨道动态耦合振动响应分析 [J]. 兰州交通大学学报, 2013, 32(04): 132-138.